最新庆典贺词

场面话信手拈来，庆典上妙语连珠！

肖淑琛◎著

中国文史出版社

图书在版编目（CIP）数据

最新庆典贺词/肖淑琛著.——北京：中国文史出版社，2014.9（2022）重印
ISBN 978-7-5034-5331-1

I. ①最… II. ①肖… III. ①汉语—格言—汇编 IV. ①H136.3

中国版本图书馆 CIP 数据核字（2014）第 218547 号

责任编辑：戴小璇
封面设计：北京高高国际文化传媒有限责任公司

出版发行：中国文史出版社
网　　　址：www.wenshipress.com
社　　　址：北京市西城区太平桥大街 23 号　邮编：100811
电　　　话：010-66173572　66168268　66192736（发行部）
传　　　真：010-66192703
印　　　装：三河德利印刷有限公司
经　　　销：全国新华书店
开　　　本：16 开
印　　　张：15　字数：140 千字
版　　　次：2014 年 12 月北京第 1 版
印　　　次：2014 年 12 月第 1 次印刷
定　　　价：29.80 元

文史版图书，版权所有，侵权必究。

前言

中国人历来爱热闹，婚丧嫁娶、节庆礼宴都要举办庆典仪式，在各种宴会酒席、商务聚会上，祝酒致辞更是必不可少的一项重头戏。

古今中外，凡是有大作为的人，都把善于作公众致辞作为必备的修养之一。无论政治家、商业巨子，还是文化界名人，大多是善于言谈的语言大师。加拿破化、戴高乐、华盛顿、林肯、丘吉尔、斯大林、苏格拉底、雨果、耐基等等，他们的号召力、影响力、煽动力和组织力之所以撼动人心，在很大程度上得益于他们高超的即兴演讲艺术。所以说，一个人只有掌握了说话的技巧，才可以在机会到来的时候牢牢把握住它，达到自己的目的。

在人生的重要时刻，人们常用赠言贺词表达庆祝、恭喜、慰藉等情感，借以表达对亲人、朋友或同事的关怀与祝贺。尽管只是寥寥数语，却体现着殷殷祝福、款款情谊，也传递了生活的哲理、人生的启迪和内心的感悟。

无论是亲朋聚会还是婚礼庆典，无论是政界还是商界，一番激动人心的贺词演讲是领导者在庆典场合中展示才华与魅力的机会。但是怎样在众宾客齐聚一堂之时，克服自己会哑口无言和词不达意的尴尬呢？让精心准备的贺词为喜庆的气氛锦上添花吧！

赶快打开这本书吧，无论是婚礼庆典，还是公司开业；无论是节日晚会，还是生日宴会；无论是奠基仪式，还是哀悼缅怀，这里应有尽有，你尽可取己所需，从此不再为在公开场合发表贺词而发愁，不再为了一份精彩的祝福而冥思苦想。在这里精彩的语句，华丽的词藻、锦言妙语随手拈来，让你满口生香、语惊四座，在亲朋宾客面前风头尽显，成为一名真正的致辞高手。

《最新庆典贺词》是一本专门针对各种庆典场合贺词的实用书籍，全书共有十余篇，精选了节日、新婚、开（闭）幕、开业、学校活动、周年纪念、庆功、升职、就职、各类比赛、乔迁等庆典场景的贺词实例百余种。通过各方面的展示，向读者阐述了庆典贺词在各种人际交往、职场官场的重要作用。

本书采取了众多贴近生活的案例，致辞人和致辞场景的描述让读者有一种身临其境的感觉。同时，还为读者提供了大量的贺词佳句，以便丰富读者的视野。贺词实例中不但有名人的经典贺词欣赏，还包括庆典的礼仪习俗，为读者节选和创作提供了较大的选择空间。

在公开场合发表贺词要做到语言优美，通俗易懂，并且力求诙谐、风趣和幽默。尽可能做到既通俗易懂，又生动形象，既言简意明，又娓娓动听。

书中文字深入浅出，通俗易懂，具有较强的趣味性，读起来朗朗上口，在为读者提供贺词的理想方案之外，还能积累知识。相信一定会为读者提高贺词水平提供更大的帮助，愿这本书可以为你的事业和社交打开新的一页。

目录

第一章

庆佳节——海上生明月,天涯共此时

所谓节日贺词,是指在各种节日的重大活动中发表的公开致辞。为了在节日活动中充分展示自己的语言风采,我们就必须努力培养和提高口语表达能力。

节日贺词要拱旗出热烈的节日气氛,也要提出对人们的祝福和对于成绩的总结,还要鼓舞人们在接下来的时间里结续取得更大的成就。

节日庆典礼俗/2

元　旦/3

春　节/8

端午节/11

中　秋/13

国　庆/17

其他佳节贺词精选/21

贺词佳句赏析/30

第二章 庆生、祝寿

——日月长明,松柏长青

庆生、祝寿是我国历史久远的文化习俗,既是对生命的一种尊重,又体现了传统的孝道。祝寿词在我们传统文化中占有很重要的位置,"松鹤延年""南山之寿"等贺寿词到今天还广为流传。到了今天,庆生、贺寿又加进了西方风俗和时尚元素,但是我们的贺词却依然保持了对于寿星的祝福之情。

生日礼仪又伯/34

诞生庆典礼俗/36

寿诞的称谓/38

抓周的起源/39

关于周岁抓周的传说/41

抓周仪式/43

古时祝寿习俗/45

古人祝寿之词/47

生日贺词要区分年龄/49

身份是生日贺词的关键/55

贺词佳句赏析/61

第三章　新居、乔迁

——出自幽谷,行于乔木

搬家是件吉庆事,中国人历来有"择吉搬迁"的习惯,并把搬家誉为"乔迁"。"乔迁"这个词来自《诗经小雅·伐木》:"伐木丁丁,鸟鸣嘤嘤,出自幽谷,迁于乔木。"我们乔迁之喜有很多习俗,各个民族之间的习俗也有不同,

乔迁之喜/64

乔迁贺词特点/67

乔迁送礼原则/68

企事业单位乔迁贺词/70

家庭乔迁贺词/76

贺词佳句赏析/79

第四章　婚礼

——兰舟昨日系。今朝结丝萝

婚礼是每个人一生中的四喜之一,也是充满憧憬和喜悦的仪式,从古至今婚礼都要举办得红红火火,热热闹闹的。

在婚宴上致辞的朋友一般是与新郎新娘关系亲密的知己,因为相互之间的忌讳比较少,又都是年轻人,所以致辞的内容往往比较活泼,除了向新郎和新娘祝贺新婚之喜之处,还可以讲述新郎和新娘往日的趣事、恋爱故事等。

古代婚礼礼仪常识/82

古代婚姻庆典有哪些习俗/88

各式婚礼庆典流程/91

新婚庆典贺词佳篇/96

贺词佳句赏析/107

第五章　开业

——隆声远布,兴业长新

开业庆典是一个经济实体实力的展示,走好关键的第一步尤为重要。要迈好这第一步,典礼活动方案及与之相关的主持词、贺词、迎宾词、祝酒辞等,无疑是挂"帅"点"将",十分重要。

开业贺词之礼/112

开业剪彩典故/113

公司开业庆典贺词/117

文艺、公益性组织成立庆典贺词/120

奠基、竣工、挂牌庆典贺词/123

贺词佳句赏析/130

第六章　周年

——寰宇八方传捷报，周年四季颂东风

《淮南子·道应训》："墨者有国鸠者，欲见秦惠王，约王申辕留於秦，周年不得见。"《宋书·孔琳之传》："锦帛易败，势不支久。又昼以御寒，夜以寝卧，曾未周年，便自败裂。"

周年致辞成功的秘诀唯有"热情"二字。致辞者的热情可以"引爆"听众的情绪，热烈的话语会在听众的心里掀起层层热浪，让人热血沸腾，群情激昂，情不自禁地欢呼喝彩。

同年庆礼仪/134

国庆同年庆典贺词/135

校庆盛典贺词/136

企业同年庆贺词/140

其他纪念庆典贺词/143

贺词佳句赏析/150

第七章　庆功

——花献革新者，功昭创业人

庆功会致辞与表彰会致辞类似。需要注意的是，在致辞的过程中，除先进事迹等之外，对于具体奖励、

授予称号等要作简要介绍；同时，对于其取得成绩的原因等，要进行总结分析。致辞篇幅不宜过长，语言要生动、有感染力，要感情真挚，热情洋溢，催人奋进，富有激励作用。

庆功贺词特点/154

庆功典礼礼仪/155

企事业单位庆功会贺词/157

奖学金表彰会贺词/159

先进表彰大会贺词/163

贺词佳句赏析/170

第八章　登科

——春风得意马蹄疾，一日看尽长安花

人生四个重要的时刻：久旱逢甘雨，他乡遇故知，洞房花烛夜，还有一个就是，金榜题名时了！可见金榜题名的重要性了！金榜题名，是莘莘学子梦寐以求的结果，也是家长们最欣慰最自豪的事情。

为了表达自己高兴的心情，请亲朋好友欢庆一番是人之常情。作为被邀请的客人，赴宴时可以携带鲜花、对联、香槟、书籍、学习用

五子登科典故/174

登科之礼/175

登科贺词/178

就职庆典贺词/190

贺词佳句赏析/196

第九章　开闭幕

——虎啸昂首高歌去,玉兔喜跃气象新

　　开幕词的主要特点是宣告性和引导性。不论召开什么重要会议,或开展什么重要活动,按照惯例,一般都要由主持人或主要领导人致开幕词,这是一个必不可少的程序,标志着会议或活动的正式开始。

　　闭幕词与开幕词一样,具有简明性和口语化两个共同特点,其种类与开幕词相同。凡重要会议或重要活动,与开幕词相对应,一般都有闭幕词,这是一道必不可少的程序,标志着整个会议或活动的结束。

开幕贺词/200

闭幕贺词/201

义体活动、运动会开闭幕贺词/203

会议开闭幕式/211

其他地方性节日开幕会贺词/219

贺词佳句赏析/223

庆典贺词的语言艺术/224

第一章

庆佳节——海上生明月，天涯共此时

所谓节日贺词，是指在各种节日的重大活动中发表的公开致辞。为了在节日活动中充分展示自己的语言风采，我们就必须努力培养和提高口语表达能力。

节日贺词要拱旗出热烈的节日气氛，也要提出对人们的祝福和对于成绩的总结，还要鼓舞人们在接下来的时间里结续取得更大的成就。

节日庆典礼俗

中国的节日随着一年四季的变化和农作物生长的需要，逐渐形成了一系列丰富多彩的节俗活动，体现了鲜明的农业文化特色。

每当重要节日来临，人们都要祭拜祖先，以表达对祖先的怀念。如春节供奉祖宗牌位，寒食节、清明节扫墓，对待死者"事死如生"之礼在节日祭祖中得到集中体现。清明节祭扫原来自民间习俗，唐玄宗之后列入典礼，就变成了一种礼俗。"元宵节"张灯风俗自汉代形成之后，历代都以张灯、观灯为一大盛事。"端午节"早在西周初期即有记载，并非为纪念屈原而设立的节日，但是端午节之后的一些习俗受到屈原的影响。后来人们为了纪念屈原，赛龙舟和吃粽子等习俗也开始流传下来。阴历八月十五日，这一天正当秋季的正中，故称"中秋"。到了晚上，月圆桂香，旧俗人们把它看作大团圆的象征，要备上各种瓜果和熟食品，是赏月的佳节并品尝月饼。

这些传统节日都有一定的由来和历史，因此我们在共度佳节的时候，总是不免说一些贺礼之词，而历代文人墨客也借此抒发一些情怀。

除了一些中国特有的传统节日之外，人们的生活中还少不了一些纪念性、庆祝性的节日，如：三八妇女节、劳动节、国庆节、元旦等重要节日。

不同的节日，性质是不一样的，因此贺词的主题也就会存在着差别。有纪念性节日，如劳动节、端午节；也有庆祝性节日，如国庆节、教师节；有倡导性节日，如植树节、助残日；也有风俗性节日，如元宵节、清明节，如此等。

因此，节日贺词必须根据节日的独特性质确立主题，只有这样，才能突出节日贺词的思想文化意义。例如，元旦贺词就要体现出新年新气象，包含人们对于新的一年的新期望和祝福；而春节相对于元旦来讲，对于中国人更为重要，其贺词要包含春天到来，辞旧迎新以及亲人团聚的喜悦和希望；在护士节献词，就应当通过缅怀南丁格尔的业绩，激发护士的职业责任心和自豪感；在教师节致贺词，就应当着重讲述老师们现实工作的感人事迹，从而颂扬人民教师无私奉献的真挚情怀和崇高精神。

无论在什么节日里致贺词，都必须与听众的现实生活紧密结合起来，一定要突出内容的现实感，以产生强烈的社会效应。

节日正文一般包括以下几个内容：表明自己的身份或者代表谁致辞；欢迎来宾，并致以节日的问候和祝贺；说明庆祝的节日，聚会的原因等；对未来提出希望；总结以往的工作成就，表扬先进的工作人员，分析以后的新问题、新情况等；最后是祝愿，再次对在座的来宾表示祝贺。总而言之，节日贺词是为了表示喜庆和人们欢度节日的愉悦之情。

节日里充满了喜庆的气氛，在这愉悦轻松的氛围里，贺词应该言简意赅，情感丰富，切不可拖沓。

元 旦

元旦贺词之妙

"元旦"的"元"，指开始，是第一的意思，凡数之始称为"元"；"旦"，象形字，上面的"日"代表太阳，下面的"一"代表地平线。"旦"即太阳从地平线上冉冉升起,象征一日的开始。人们把"元"和"旦"两个字结合起来,就引申为新年开始的第一天。

中国的元旦,据传说起于三皇五帝之一的颛顼,距今已有3000多年的历史。"元旦"一词最早出现于《晋书》:"颛帝以孟夏正月为元,其实正朝元旦之春"的诗中。南北朝时,南朝萧子云的《介雅》诗中也有"四季新元旦,万寿初春朝"的记载。

中国最早称农历正月初一为"元旦",元是"初""始"的意思,旦指"日子",元旦合称即是"初始的日子",也就是一年的第一天。

正月初一从哪日算起,在汉武帝以前也是很不统一的。因此,历代的元旦月、日也并不一致。夏朝的夏历以孟喜月(元月)为正月,商朝的殷历以腊月(十二月)为正月,周朝的周历以冬月(十一月)为正月。秦始皇统一中国后,又以阳春月(十月)为正月,即十月初一为元旦。从汉武帝起,才规定孟喜月(元月)为正月,把孟喜月的第一天(夏历的正月初一)称为元旦,一直沿用到清朝末年。但这是夏历,亦即农历或阴历,还不是我们今天所说的元旦。

公元1911年,孙中山领导的辛亥革命,推翻了清朝的统治,建立了中华民国。为了"行夏正,所以顺农时,从西历,所以便统计",民国元年决定使用公历(实际使用是1912年),并规定阳历(公历)1月1日为"新年",但并不叫"元旦"。

今天所说的"元旦",是公元1949年中国人民政治协商会议决定采用世界通用的公元纪年法。并将公历1月1日正式定为"元旦",农历正月初一改为"春节"。

元旦是国际性节日,很多国家也有元旦。意大利的一些地方,元旦前夜午夜时分。如果你在路上行走是很不安全的,因为这时人们都要把屋里的一些破旧瓶、缸、盆等扔出门外砸碎,以示除旧迎新。法国人在新年到来之前,各家一定要把家中的余酒全部喝光。以致许多人喝得酩酊大醉。他们认为,元旦时如果家中还有剩余的酒。新一年里会交厄运……

第一章　庆佳节
——海上生明月，天涯共此时

元旦贺词是指当新年来临之际，在迎新聚会场合或通过媒体，致辞者以个人或组织的名义。向听众表达新一年美好祝福的致辞。元旦贺词主要包括感谢、慰问、祝福、激励，以及公关等功能。

贺词的内容应突出过去一年的骄人成绩和对来年的美好憧憬，以切合元旦喜庆的气氛，这是元旦贺词内容美的基本要求。只有在贺词中回顾成绩和憧憬未来才能使听众产生成就感和受到鼓舞，同时也使得贺词中蕴含的美好情感有了具体的依托。

古代元旦宫廷有贺岁之礼，规模宏大而隆重。三国时曹植《元会》诗："初步元祚，古日惟良，乃为嘉会，宴此高堂"。

诗人张维屏的《新雷》，虽未用"元旦""元日"等词汇，却以元旦为题，写出人们贺岁、迎春的喜悦："造物无言却有情，每于寒尽觉春生。千红万紫安排著，只待新雷第一声。"

现在，人们也是在元旦对亲人、生活充满了祝福和期待。"在新年的钟声里，我举起杯，任一弯晶莹的思绪，在杯底悄悄沉淀，深深地祝福你新年快乐！""元旦表示新的一年，新的开始，万事从头起，良好的开端是成功的一半，祝你永远是成功者。""新的一年开启新的希望，新的空白承载新的梦想。拂去岁月之尘，让欢笑和泪水、爱与哀愁在心中凝成一颗厚重的晶莹的琥珀，在阳光下散发出迷人的色彩！"

元旦致辞应注意的问题主要包括：新年节日里，到处充满欢声笑语，到处洋溢着喜庆气氛，因此在致辞中要注意感情热烈、语言风趣等；在对工作的总结中。应突出工作成绩。强调人家为取得这些成绩所付出的不懈努力；展望未来的语言要形象。

总之，元旦贺词常常以郑重的形式对听众寄予美好而诚挚的祝福。这些温暖人心的话语凸显了致辞者的希望。

元旦贺词佳篇

范文一：
北京大学校长许智宏在2006年北京大学
新年狂欢夜致贺词

老师们、同学们、朋友们：

新年的钟声已经敲响。

在这辞旧迎新的时刻,我们团聚在笑语欢腾的百周年纪念讲堂前,一起憧憬未来、祝福明天,我的心情和大家一样兴奋,一样激动。这是我作为北大校长和大家共同度过的第六个新年狂欢夜,每一次,我都有新的感受;每一次,都带给我崭新的喜悦和希望。北大是常新的,每一次新年的欢乐,都来自于全体北大人辛勤汗水换来的收获,同时也饱含着我们对北大未来改革与发展再建新功的深切祝福,这是每一位北大人此时此刻所有兴奋与激动的源泉。

因此,在这个激动人心的时刻,我首先代表学校向辛勤耕耘在教学科研和医疗卫生战线上的老师和同志们致以崇高的敬意和新年的祝福!面对纷繁复杂的世界,正是每一位可亲可敬的老师,教书育人、著书立说,引导着北大几万名求知若渴的青年不断提升精神境界,不断开拓理性视野,逐渐领略到那来自科学前沿的璀璨风景。

我也要向在管理服务岗位上勤勉工作的广大干部职工表示诚挚的问候!正是你们扎扎实实的工作为北大在新世纪、新阶段的发展营造了和谐稳定的氛围和环境。

我更要以最饱满的热情向聚集在此的北大学生,并通过你们向全校几万名风华正茂的青年致以新年的问候!你们身上集中体现出来的"报效祖国、服务人民"的"大"志向,你们肩头承载的"民族振兴、国家富强"的"大"责任。你们在奋进中展示出来的成就"大"事业的"大"拼搏,正是百年来北大爱国师生一以贯之的精神内涵!我们有理由相信,你们这一代青年必将成为中华民族在21世纪崛起于世界东方的中流砥柱。必将为人类的文明和进步作出更加卓越的贡献!

……

老师们、同学们、朋友们。2007年的风帆已经扬起一个美好的年轮即将呈现在我们面前,让我们伴随着悠扬的新年钟声。把真诚的祝福献给我们深爱的祖国,献给我们热爱的北京大学。让我们共同祝愿伟大的祖国更加繁荣富强,祝愿我们的北京大学在建设世界一流大学的道路上勇往直前,取得更大的辉煌!

第一章 庆佳节
——海上生明月，天涯共此时

范文二：

某领导在公司元旦晚会的贺词

尊敬的各位领导、全体员工：

大家晚上好！

春风又一重，相聚乐无穷。值此辞日迎新的美好时刻，我谨代表公司董事会，向努力工作在各个岗位上的员工致以最诚挚的问候！衷心祝愿大家新年快乐、事业有成、合家欢乐、万事如意！

过去的一年是公司发展史上具有里程碑意义的一年，也是我们最值得骄傲的一年。我们齐心协力、埋头苦干，健全了公司的管理制度，提高了产品的产量、质量和业务量，使公司在同行业中的地位稳步上升。公司的每一次进步、每一份收获无不饱含着你们的汗水和智慧！在这里，我向为公司作出贡献的每一位员工表示衷心的感谢！

新的一年即将来临，我们在品尝胜利果实、分享喜悦的同时，还要清醒地认识到，在激烈的市场竞争中，我们的公司依然面临严峻的挑战。我们要抓住新机遇，迎接新挑战，以高度的使命感和责任感来推进公司的持续发展。

激情与汗水铸造过去，理性和坚强成就未来。在新的一年里，我们要扩大公司规模，增强公司执行力，进一步丰富公司企业文化的内涵。我们将一起见证公司事业的快速稳步发展，一起体验奋斗拼搏的激昂岁月，一起分享成功的喜悦与激动！我衷心希望每一位员工都能够精神振奋，斗志昂扬，百尺竿头，更进一步！

春 节

春节贺词之妙

春节之于中同人，如同圣诞节之于欧美人，都是头等重要的节日。春节，顾名思义就是春天的节日。春天来临，万象更新，新一轮播种和收获的季节又要开始。人们有足够的理由载歌载舞来迎接这个节日。春节也是亲人团聚的节日，这一点和西方的圣诞节很相似。离家的孩子这时要不远万里回到父母家里，所以过年的前一夜叫团圆夜。春节的喜庆气氛要持续一个月。正月初一前有祭灶、祭祖等仪式；节中有给儿童压岁钱、亲朋好友拜年等习俗；节后半月又是元宵节，其时花灯满城，游人满街，盛况空前。元宵节过后，春节才算结束了。

春节拜年是我们传统的习俗，春节拜年时，晚辈要先给长辈拜年，祝长辈人长寿安康，长辈可将事先准备好的压岁钱分给晚辈。春节还是加深人与人之间感情、沟通人与人之间关系的节日，是团结的节日。因此其贺词也就具有了喜庆的色彩。一句"恭喜发财"，一句"新春愉快"，谁听了谁高兴。

春节贺词受时间语境制约的特点比较突出。春节贺词通常都需在开篇强化岁月嬗递、辞旧迎新的感怀，以营造致辞时迎接新年的喜庆、热烈的气氛。可以使用一些紧扣时间语境的程式化的语句开篇，新颖、富有文采的开头能更好地调动致辞者的情绪，吸引听众的注意。

贺词的主题多为简要回顾过去所取得的成绩，并对新一年进行展望。如："春风即将撞响吉祥的钟声，我们将在同一个频率交响

第一章　庆佳节
——海上生明月，天涯共此时

的共鸣时刻，寄托新的希冀。新的一年，任务繁重，前途光明，让我们继续发扬以往好的传统和作风，谦虚谨慎，戒骄戒躁，在新的目标、新的任务统领下，同心同德、奋发有为，共同创造更加美好的未来!"

贺词的结尾通常表达祝愿、鼓励和希望，一般构成致辞者抒发情感的高潮部分。如："最后，祝全公司广大干部职工家家幸福，人人安康，事事顺达。猴年吉祥!"

春节致辞的收尾应追求一种激情昂扬、振奋人心的气势美，这要求语篇结尾简洁有力而富有一定的文采。因此。这一部分非常重视运用排比、对偶等修辞格，并使用便于直抒胸臆的祈使句和感叹句，使收尾处气势畅达、情感炽烈，产生强烈的感召力量。

春节贺词佳篇

范文一：

某迎新春酒会的贺词

尊敬的各位领导：

大家好!

在×年春节即将到来之际，××市委、市政府在这里召开迎春酒会，荣幸地邀请各位领导欢聚一堂，共叙往事今情，喜迎新春佳节。各位曾经在××市工作过的领导和××籍在××省工作的领导，多年来心系××，关注××，通过各种方式支持××的各项事业发展。在此，我代表全市××万人民，向各位领导表示衷心的感谢并致以节日的祝福!

近几年，在上级党委、政府的正确领导和亲切关怀下，在各位领导和朋友们的支持、帮助下，××市经济获得了较快发展，社会事业取得了新的进步。这些成绩的取得，是全市各族人民共同努力的结果，更凝结着在座各位领导的心血和汗水。

在新的一年里，我们希望××市的发展像芝麻开花——节节高，再创辉煌。同时，也衷心希望各位领导一如既往地支持、帮助××发展。各位领导熟悉××，热爱××，工作能力强，接触面广,也一定会对××的发展给予更多的关心和厚爱。

多年来,××人民一直想念着曾在××工作过的各位领导,想念着××籍在市外工作的各位领导、同志和朋友们,也盼望着各位领导在方便的时候多回××,探亲访友,视察工作,指导和帮助我们把××的明天建设得更加美好!

在此,祝我们的事业兴旺发达,我们的友谊与日俱增,各位领导春节愉快、×年吉祥、身体健康、合家欢乐!

范文二:

某公司领导在宴会上的春节贺词

尊敬的各位领导、各位员工、朋友们:

大家晚上好!

喜悦伴着汗水,成功伴着艰辛,遗憾激励奋斗,我们不知不觉地走进了××年,迎来了××年,在这里,我祝各位在新的一年里,财源滚滚,身体健康。万事如意!

在这充满温馨的时刻,我谨代表××公司向长期关心和支持公司事业发展的各级领导和社会各界朋友致以节日的问候和诚挚的祝愿!向辛苦了一年的全体员工拜年!感谢大家在××年的汗水与付出。许多生产一线的员工心系大局,放弃许多节假日,夜以继日地奋战在工作岗位上,用辛勤的汗水浇铸了××不倒的丰碑。借此机会,我向公司各条战线的员工表示亲切的慰问和由衷的感谢。向各位来宾的到来表示热烈的欢迎!

我们激情满怀走过了××年,××年是××公司向更高目标发展的关键一年。××公司的蓬勃发展,饱含我们每一个人的付出,同时也带给我们成长和成就的喜悦。在我们充满豪情地迎接新的一年,迎接新目标之际,回眸激越澎湃的××年,我们无比欣慰,无比自豪。成绩来之不易,创业充满艰辛。一年来,××公司在社会各界和政府的支持帮助下,在全体××人的努力拼搏下,弘扬××的企业精神,唱响××的主旋律,实现了"××"的发展目标,即将并立志掀起全国、全亚洲、乃至全世界的发展××经济产业、创造××生活的热潮。

第一章　庆佳节
——海上生明月，天涯共此时

展望充满希望的××年，我们更加意气风发、斗志昂扬。新的一年，我们点燃新的希望！新的一年，我们畅想新的憧憬！新的一年，在××的带领下，在全体××人矢志不渝的拼搏努力下，××事业必定会更加稳健蓬勃地发展，实现××事业全面飞跃！

最后，祝我们事业红红火火，祝我们××人身体健康、工作顺利、生活愉快、万事如意！

端午节

端午节贺词之妙

端午节为每年农历五月初五，又称端阳节、午日节、五月节、五日节、艾节、端五、重午、午日、夏节，是我国汉族人民的传统节日，它本来是夏季的一个驱除瘟疫的节日。后来逐渐演变为吃粽子，赛龙舟，挂菖蒲蒿草、艾叶，薰苍术、白芷，喝雄黄酒。

据说，吃粽子和赛龙舟，是为了纪念屈原，所以中华人民共和国后曾把端午节定名为"诗人节"，以纪念屈原。至于挂菖蒲、艾叶，薰苍术、白芷，喝雄黄酒，则据说是为了避邪。关于端午节历代有大量诗、词、歌、赋等文学作品传世。"中国端午节"已经被列入世界非物质文化遗产名录。

端午节有人说是为了纪念屈原，此说最早出自南朝梁代吴均《续齐谐记》和南朝宗懔《荆楚岁时记》。据说，屈原投汨罗江后，当地百姓闻讯马上划船捞救，一直行至洞庭湖，始终不见屈原的尸体。那时，恰逢雨天，湖面上的小舟一起汇集在岸边的亭子旁。当人们得知是为了打捞贤臣屈大夫时，再次冒雨出动，争相划进茫茫的洞庭湖。为了寄托哀思，人们荡舟江河之上，此后才逐渐发展成为龙舟竞赛。百姓们又怕江河里的鱼吃掉他的身体,就纷纷回家拿来米团投入江中,以免鱼虾糟蹋屈原的尸体,后来就成了吃粽子的习俗。看来,端午节吃粽子、赛龙舟与纪念屈原相关,有唐代文秀《端午》诗为证:"节分端午自谁言,万古传闻为屈原。堪笑楚江空渺渺,不能洗得直臣冤。"

还有人传说端午节亦为纪念伍子胥之日。春秋时吴国忠臣伍子胥含冤而死之后,化为涛神,世人哀而祭之,故有端午节。这则传说,在江浙一带流传很广。伍子胥名员,楚国人,父兄均为楚王所杀,后来子胥投奔吴国,助吴伐楚,五战而入楚都郢城。当时楚平王已死,子胥掘墓鞭尸三百,以报杀父兄之仇。吴王阖闾死后,其孙夫差继位,吴军士气高昂,百战百胜,越国大败,越王勾践请和,夫差许之。子胥建议,应彻底消灭越国,夫差不听,吴国太守,受越国贿赂,谗言陷害子胥,夫差信之,赐子胥宝剑,子胥以此死。子胥本为忠良,视死如归,在死前对邻舍人说:"我死后,将我眼睛挖出悬挂在吴京之东门上,以看越国军队入城灭吴",便自刎而死,夫差闻言大怒,令取子胥之尸体装在皮革里于五月五日投入大江,因此相传端午节亦为纪念伍子胥之日。

无论是哪种传说,端午节都有很多传统的纪念活动。各种祭祀、纪念之仪式,无非是点香烛,烧纸钱,供以鸡、米、肉、供果、粽子等。如今这些含有迷信色彩的仪式已很少见,但在过去,人们祭祀龙神庙时气氛很严肃,多祈求农业丰收、风调雨顺、去邪祟、攘灾异、事事如意,也保佑划船平安。用人们的话说,"图个吉利",表达人们内心良好的愿望。

因此,端午节的贺词就有了凭吊古人的意味,并有传播传统文化,加强文化交流的意义。语言要严谨、古朴、传统。

端午节佳篇

范文一:

某县端午文化节的贺词

尊敬的各位来宾。同志们,朋友们:

第一章 庆佳节
——海上生明月,天涯共此时

大家好!

盛夏六月,××大地流光溢彩,万象争辉。在这惠风和畅、湖色旖旎的日子里,我们欢聚在这里,隆重地庆祝端午节的到来,我谨代表县委、县人大、县政府、县政协及××万××人民对前来参加这次活动的各位领导、各位来宾表示最热烈的欢迎和衷心的感谢!

××是一个历史久远、文化璀璨、美丽富饶的地方。

这次端午节的庆祝活动是我县一次集旅游推介、文化交流、体育比赛为一体的盛会。办好这次活动对于加快三大战略实施,促进××开放开发,加强和推动××与外界的文化交流与经济技术合作,全方位展示××丰富的历史文化资源优势、灿烂的文化旅游优势和特色经济发展优势。提升××知名度。扩大对外吸引力,进一步加快经济社会各项事业全面发展有着十分重要的意义。

希望通过这次活动的举办让更多的人认识××,热爱××,走进××,投资××,让更多的信息、文化在活动中得以传播、交流,通过沟通增进友谊,通过沟通激发感知,真正把庆祝端午节的各种活动办成××展示风貌的窗口、对外交流的平台、加速发展的里程,真正为全县旅游产业的兴起壮大注入新的生机和活力,以带动和促进全县经济社会的快速、健康发展。

最后,祝大家端午节快乐,身体健康,心想事成!

中 秋

中秋贺词之妙

"中秋"一词,最早见于《周礼》。据史籍记载,古代帝王祭月的节期为农历八月十五，时日恰逢三秋之半，故名"中秋节"；又因为这个节日在秋季八月，故又称"秋节""八月节""八月会""中秋节"；又有祈求团圆的信仰和相关习俗活动，故亦称"团圆节""女儿节"。

在唐代，中秋赏月、玩月颇为盛行。在北宋京师，八月十五夜，满城人家，不论贫富老小，都要穿上成人的衣服，焚香拜月说出心愿，祈求月亮神的保佑。南宋时，民间以月饼相赠，取团圆之义。有些地方还有舞草龙、砌宝塔等活动。明清以来，中秋节的风俗更加盛行，许多地方形成了烧斗香、树中秋、点塔灯、放天灯、走月亮、舞火龙等特殊风俗。

中秋赏月是我们最传统的习俗，也是人们抒发情怀、寄予相思的凭借。赏月的风俗来源于祭月，严肃的祭祀变成了轻松的欢娱。民间中秋赏月活动约始魏晋时期，但未成习。到了唐代，中秋赏月、玩月颇为盛行，许多诗人的名篇中都有咏月的诗句。待到宋时，形成了以赏月活动为中心的中秋民俗节日，正式定为中秋节。与唐人不同，宋人赏月更多的是感物伤怀，常以阴晴圆缺，喻人情事态，即使中秋之夜，明月的清光也掩饰不住宋人的伤感。但对宋人来说，中秋还有另外一种形态，即中秋是世俗欢愉的节日："中秋节前，诸店皆卖新酒，贵家结饰台榭，民家争占酒楼玩月，笙歌远闻千里，嬉戏连坐至晓"（《东京梦华录》）。宋代的中秋夜是不眠之夜，夜市通宵营业，玩月游人，达旦不绝。

今天，月下游玩的习俗，已远没有旧时盛行，但我国大部分地区仍保留着吃月饼的习俗。祭月之后，由家中长者将月饼按人数分切成块，每人一块，如有人不在家即为其留下一份，表示合家团圆。中秋之夜，人们把酒问月，庆贺美好的生活，或祝远方的亲人健康快乐，和家人"千里共婵娟"。中秋节的习俗很多，形式也各不相同，但都寄托着人们对生活无限的热爱和对美好生活的向往。

古代人们的贺词常常以诗词的方式表达。明月当空，家人与好友席地而坐，赏月尝饼，谈笑风生，人生如此，夫复何求。中秋的那一轮明月，总是让在外的游子思乡之情涌上心头，品尝着手中的月饼，对远在他乡的亲人的思念在心中波澜起伏。唐代张九龄"喜

第一章　庆佳节
——海上生明月，天涯共此时

迎中秋庆团圆，欢乐笑语万里传。桂枝明月祝福贺，音好花开成佳缘。"宋朝苏轼《水调歌头》中"人有悲欢离合，月有阴晴圆缺，此事古难全。但愿人长久，千里共婵娟"的感慨。这些优美的诗词都抒发了对于团圆的喜悦、对于亲人的思念。

今天，我们中秋节致贺词，要突出"团圆"的主题。如果是领导向本单位职工致贺词，一方面要祝愿职工合家欢乐，一方面要对驻守在外地岗位的职工致以慰问；如果是在中秋联欢会上致贺词，则要结合晚会的主题和节目。灵活变换贺词内容。节日贺词是在特定的现实活动中进行的。致辞者和听众不仅共同参与，而且相互影响。

因此，致辞不能不考虑现场因素。一定要、渲染气氛。增强致辞的现场感。同时，可采用呼告、设问等多种修辞方式，增强语言的交流感。这样，就能大大增强节日贺词的现场表达效果。

中秋贺词佳篇

范文一：

某中秋晚会贺词

女士们、先生们、朋友们：

"明月千里寄相思，"农历八月十五，是中国人最重视的三大节日之一，亦是全家团聚的日子，也是一直被人们喻为最有人情味、最诗情画意的一个节日。在这特殊的日子里，我们坐在一起，分享这团聚的快乐。

"月到中秋分外明。"沐浴着徐徐清风，披着朗朗月色，今夜，我们××单位的全体同志欢聚一堂，联欢赏月，畅叙亲J睛，共庆佳节。在联欢活动正式开始之前，我谨代表××领导向亲临现场指导的各位领导表示热烈的欢迎！向××致以节日的祝贺！

月光皎洁，人庆团圆，这就是中秋的盛景；歌声优雅，舞步轻盈，这就是今夜的联欢。

"古今但赏中秋月。"中秋赏月历来就是一个久谈不衰的话题。据记载，民间中秋赏月活动大约始于魏晋时期，盛于唐宋。"月似圆盛也惭凝,玉盆盛水欲侵棱。夜深尽放家人睡,直到天明不炷灯。"唐朝王建的诗写尽了中秋赏月的普遍与乐趣。"中秋节前,诸店皆卖新酒,贵家结饰台榭,民家争占酒楼玩月,笙歌远闻千里,嬉戏连坐至晓。"《东京梦华录》关于北宋京都赏月的描写更显示了宋代民间中秋赏月的盛况。

"古人不见今时月,今月曾经照古人。"在这个万家欢庆的时刻,我们不能忘记全体一线同志昔日的劳苦功高。今夜,我们举行的中秋联欢,既是一次传统的赏月活动,又是一场庆祝团圆的盛会。多少年来,各位同志为了千万个家庭的幸福美满,把自己的青春热血像今夜的月光一样,洒向广大人民群众,抚慰了无数受伤的心灵,促成无数个家庭的团圆。我相信,对许许多多的家庭来说,他们现在沐浴的不仅仅是明月的清辉,而且是人间最纯最真的爱心!

"楼高但任云飞过,池小能将月送来。"今夜联欢的场地虽然比较简单,但我相信。大家的热情和活力一定能感染天边的明月。让它放出更皎洁的光辉。为大家送来温馨的祝福。给我们的联欢增添无穷的乐趣!

今夜,必定是一个难忘的夜晚。

"但愿人长久,千里共蝉娟。"

祝各位同志,年年有今日,岁岁有今朝!

祝联欢会圆满成功!

范文二:

某集团中秋节庆祝宴会贺词

同志们:

中秋好!

"明月几时有,把酒问青天。"我们又迎来了一年一度的中秋佳节,这是一个收获的日子,也是一个团圆的日子。今天,集团全体员工欢聚在这里,共度中秋佳节,共叙亲情友谊,共盼团圆。在此,我代表××集团向所有员工以及你们的家人致烈最诚挚的祝福,祝大家中秋快乐,家庭幸福!

第一章 庆佳节
——海上生明月,天涯共此时

经过××年的发展。××集团取得了今天这样令人赞叹的成绩。这份成绩的取得,与领导班子的高瞻远瞩、正确决策是分不开的。但是,更大的荣誉应该授予我们集团的全体员工,因为有了你们的勤勤恳恳,风雨兼程,默默奉献,辛勤劳动,精诚合作,群策群力,勇挑重担,无怨无悔,集团才保持了高速增长的态势,才取得了丰硕的成果。在这里,我代表××集团向你们表示由衷的感谢!

和志同道合的人一起奋斗是幸福的,我们这样一大群志同道合的人为了集团的发展同心协力,共同奋斗,为创造一个美好的未来而共同努力,也是幸福的。虽然我们之前取得了巨大的成绩,但是下一步的工作任重而道远。我们不要畏惧前方的困难。因为集团里有你们这样一批高素质的人才。你们是集团发展的动力和源泉。我相信。集团全体员工一定会携手并肩。共谋发展,相信××集团的明天会更加辉煌!

同志们,让我们齐心协力,同舟共济,为了我们××集团美好的明天,为了同志们的家庭幸福,干杯!

国　庆

国庆贺词之妙

"国庆"顾名思义是举国欢庆的重要日子,这种特殊纪念方式一旦成为新的、全民性的节日形式,便承载了反映这个国家、民族的凝聚力的功能。同时国庆日上的大规模庆典活动,也是政府动员与号召力的具体体现。显示力量、增强国民信心,体现凝聚力,发挥号召力,即为国庆庆典的三个基本特征。

"国庆"一词，本指国家喜庆之事，最早见于西晋。西晋的文学家陆机在《五等诸侯论》一文中就曾有"国庆独飨其利，主忧莫与其害"的记载。我国封建时代，国家喜庆的大事，莫大过于帝王的登基、诞辰（清朝称皇帝的生日为万岁节）等。因而我国古代把皇帝即位、诞辰称为"国庆"。今天称国家建立的纪念日为国庆。

国庆纪念日是近代民族国家的一种特征，是伴随着近代民族国家的出现而出现的，并且变得尤为重要。它成为一个独立国家的标志，反映这个国家的国体和政体。每年国庆，我国各地都要举行不同形式的庆祝活动，以加强人民的爱国意识，增强国家的凝聚力。

逢五逢十的国庆，有的还要扩大庆祝。为庆祝国庆，各地政府通常要举行一次国庆招待会，邀请驻在当地的各国使节和其他重要外宾参加。除了国家政府的一些大型庆典和宴会之外，民间组织、学校、企业等也会有一些活动来欢庆祖国的生日，以表达自己的爱国情操。

国庆贺词依对象和场合的不同，贺词格调也有所不同。大型性、政府性的庆典的贺词要使用正式、庄重、严谨的语言，风格要切合实际情况。而各公司、组织的庆典贺词则表达方式和风格上要轻松一些。贺词内容可以包括回顾祖国发展的历程、美好前景的展望、以往取得的成就及自己要对祖国做的贡献等。

因此，致辞者必须根据这种差异，掌握和运用好不同风格的语言，或热烈，或冷静；或诙谐，或庄重。只有这样，才能营造出特定的情境氛围。增强国庆节贺词的吸引力和感染力。国庆贺词因为是在重要节日的场合使用，因此不要太长，要简短有力。

国庆贺词佳篇

范文一：

某学校国庆庆典上的同学贺词

尊敬的老师们、亲爱的同学们：

"我们唱着东方红，当家做主站起来；我们唱着春天的故事，改革开放富起来"祖国××华诞的脚步缓缓走来，我又想起这耳熟

第一章　庆佳节
——海上生明月，天涯共此时

能详的歌词。

××年来，我们的祖国彻底摆脱了帝国主义的殖民统治，摆脱了一穷二白的落后面貌。××年来，我们中华56个民族，携手并肩，自力更生，艰苦奋斗，高举改革开放伟大旗帜，终于把我们伟大的祖国建设成为欣欣向荣、繁荣昌盛、百姓安居乐业、人民和谐安康的强盛大国，我们衷心祝愿祖国更加美好。

回首历史，伟大的领路人带领我们走过风风雨雨。在巍峨的高山面前，我们用意志将其征服；在浩瀚的大江之上，我们用思想将其打败；在无垠的宇宙之中，我们用科技走向未来。看，荒漠上长出一片片绿洲，东北大地上的农业机械化生产，56个民族团结如一家，网络让我们四通八达！

鸟在高飞，花在盛开，江山壮丽，人民豪迈，民族团结，社会和谐，是社会主义让我们走到一起，成为了一家。腾飞的经济，让我们的生活蒸蒸日上；强盛的国力，让我们过上了好日子。

科技腾飞，神舟系列飞船一次次升空，向世人证明中国在日益强大，我为自己是一个华夏儿女而感到骄傲。展望未来，我对祖国充满了信心。一次次的磨难，并没有使中国人的意志倒下。

成长的我们深深懂得落后就要挨打，我们一定要发扬老一辈那种不怕苦、不怕累、能战斗、无私奉献的精神，志存高远，发奋学习，在社会中积极锻炼，把祖国的明天建设得更美好。

在祖国××华诞来临之际，我心中的激动无法用语言表达。"一根竹竿难渡海，众人划桨开大船。"亿万万的热血青年，时刻准备着为祖国献身，愿祖国不断超越，勇往直前！

范文二：

某领导在国庆节庆祝宴会上的贺词

尊敬的女士们、先生们，亲爱的同志们、朋友们：

大家好！

金秋送爽，万里河山披锦绣；

丹桂飘香，一轮明月寄深情。

锣鼓喧天欢庆季节的旋律，鞭炮齐鸣燃放岁月的激情。秋风送爽，五谷飘香，大地流金。丰收在望。

我亲爱的祖国，十月，是你神圣而庄严的生日。走进这个日子，细数从我们手中流过的时光，在心底油然而生一种深刻的情怀。

××年激情岁月，××载春华秋实，伟大的中华人民共和国迎来了又一个华诞。今夜，××万群众欢庆，××中心胜友如云。在此，我谨代表××市人民政府，向全市人民和在我市工作的朋友，致以最亲切的问候！向所有关心和支持我们发展的同志、朋友们，表示最诚挚的谢意！

中华人民共和国成立××年来，特别是改革开放以来，中国发生了历史性的巨变。中华民族迈开了实现伟大复兴的雄健步伐，神州大地充满生机。

我市处处呈现出欣欣向荣的景象，经济建设保持了良好的发展势头，人民生活进一步改善，科技、教育、文化、卫生等各项事业蓬勃发展。

沧桑巨变今胜昔，明珠熠熠耀前程。让我们继续求真务实、艰苦奋斗、开拓创新，向着社会主义现代化国际大都市的宏伟目标迈进！

我们为祖国骄傲。我们为祖国自豪！

其他佳节贺词精选

五一劳动节贺词

范文一：

某公司迎五一贺词

各位员工、朋友们：

大家好！

五月是激情的花海，用青春拥抱时代；五月是初升的太阳，用生命点燃未来；五月是温婉的微风，使心灵轻轻地敞开；五月是飞翔的鸟儿，用奔放诠释天地之间的风采……站在这个美好季节的起点，值此五一国际劳动节和五四青年节来临之际，我谨代表集团公司向辛勤工作在各个岗位上的全体员工和青年朋友，致以亲切的问候和衷心的感谢！

集团公司从小到大、由弱到强的发展历程，见证了每一位员工的功劳；集团公司的每一个进步、每一次成长，都凝结着大家的智慧、心血和汗水。步入××年的××集团正以优异的工作成绩和市场业绩昂首阔步，有志于献身集团事业的××员工正用自己的无私付出、辛勤奉献默默地践行着"做稳做强"的忠贞承诺。在这个属于劳动者的节日里，我脑海中浮现的是风吹日晒、炙暑严冬里坚守岗位的一张张坚毅而又执著的面孔。"一分耕耘，一分收获"，最有资格分享集团发展过程中每一颗胜利果实的是你们！是你们的辛勤耕耘，换来了集团公司的累累硕果！

"百折不挠但求心无悔，千辛万苦只为事业攀。"我将这副对联送给集团公司的全体员工,特别是坚守、奋斗在第一线岗位上的员工们,并向最亲爱的同志们道一声:你们辛苦了!祝愿大家五一劳动节节日快乐,合家幸福!

范文二:

医护工作者在医院举办的"五一"演讲会上致贺词

尊敬的各位领导、各位同志:

你们好!在阳光明媚、盛夏来临之际,我们即将迎来又一个"五一"国际劳动节!

人的一生有许多美好的梦想,有过美丽的青春。有的人青春美丽在雪山哨所,有的人青春美丽在菁菁校园,有的人青春美丽在无影灯下,而我,一个平凡的医护工作者,我将青春最美好的年华化做一抹绿色,为春添加色彩之绚,为生带来希望之光,把生命中最美丽的色彩献给那些被疾病缠身的患者们。

儿时做过许多的梦,梦过薄纱起舞,梦过英武戎装,唯独没有梦到过这袭纯洁高尚的白衣!但我在第一眼见到它时,就悄悄地喜欢上,并且爱上了它,它不仅是一种职业的象征,而且也在不断激励着我。记得当我穿起这洁白的服装踏上这神圣的岗位时。心中充满了由衷的喜悦,年少轻狂的我怎知这份神圣中蕴藏着的那份无私的奉献!如今铿锵岁月磨去了我的青春年少。却留给了我成熟与稳重。

在大伙的眼里,医护工作是一份职业风险系数较低、轻松自在的工作,可是又有谁知道其中的艰辛呢?无论是在那夜幕漆黑的深夜,还是在那东方即将露出鱼肚白的清晨;不管是在那严冬的雪夜,还是在那盛夏的烈日下……都曾经留下我们的身影,一声电话铃声就是我们战斗的号角,不容做任何理由的阐述,时间就是生命!带着一份炽热的爱心,穿梭在没有硝烟的战场上,当那张及时而准确的报告单出现在医生手里时,当患者治疗后重新露出笑脸时,我们的背影已经悄悄消失在茫茫的人海中。匆匆而来,悄悄而去,没有鲜花,没有掌声,却有一种为生命带来希望的自豪在心底

第一章　庆佳节
——海上生明月，天涯共此时

弥漫！

曾经有人说过：拉开人生帷幕的是医生，拉上人生帷幕的也是医生。是呀，在人的一生中，有谁不需要医护人员的细致关心和悉心照顾呢？在多年的工作实践中，我深深地体会到，我们每一个温馨的微笑，每一个细微的眼神，每一句耐心的询问，每一个轻微的动作，都与患者有着密切的关联，反复中透着细心，唠叨中透露出耐心。我们要用自己的愉悦、信心去改变病人的沮丧与绝望，用自己的微笑抚慰病人伤痛的心灵，用春天那一抹绿色给他们带来生的希望和力量的源泉！

六一儿童节贺词

某家长在六一儿童节上的贺词

各位老师、各位家长，亲爱的小朋友们：

大家好！

在这鲜花烂漫、绿草如茵的初夏时节，我们迎来了孩子们的盛大节日——"六一"国际儿童节。在这个喜庆的日子里，我受实验小学幼儿园的委托，代表全体家长祝小朋友们节日快乐，并向辛勤耕耘、呕心沥血培育祖国花朵的园丁们致以崇高的敬意！

孩子是我们的希望，是祖国的未来。和所有的家长一样，作为爸爸妈妈，我们希望自己的孩子有一个健康快乐、茁壮成长的童年。我们都很庆幸，为孩子选择了我市最好的幼儿园。在此，我要向幼儿园全体老师真诚地说一声：你们辛苦了！谢谢你们这两年来对孩子的教育和关怀，是你们启迪了孩子幼小的心灵，带他们走上了探索真理、热爱知识的光明道路。这些好习惯、好方法，必将给孩子的一生带来非常深远的影响。

今天我们的孩子将在舞台上展示他们的风采，这凝聚着孩子们的成长和进步，凝聚着老师们的辛劳汗水，凝聚着家长们的期望。让我们一起为我们的孩子鼓掌，为我们的孩子加油。让我们与老师一道共同为孩子撑起一片蓝天，让他们自由翱翔，早日成为搏击长空的雄鹰！

最后，祝小朋友们节日快乐，茁壮成长！祝全体老师工作愉快，身体健康！祝全体家长万事如意，幸福安康！

谢谢大家！

某小学校长在庆祝六一儿童节上的贺词

亲爱的同学们：

在这个阳光灿烂、姹紫嫣红的日子里，又迎来了你们最快乐的节日——"六一"国际儿童节。在这欢乐的时刻，我代表全校老师衷心祝愿你们节日快乐、学习进步、身体健康！

同学们，当你们背着书包兴冲冲地来到了××读书以后，××的校园变得生机勃勃、充满活力：朗朗的读书声是你们求知的回声，追逐嬉戏的笑声是你们快乐的音符，运动会上矫健的身影是你们拼搏的勇气，方方面面的进步是你们汗水的结晶。

为了你们的快乐童年。为了嘉奖你们的进步，学校千方百计让你们过好"六一"儿童节。为此学校投入了一定的资金，老师们倾注了大量的精力，举办了丰富多彩的"艺术周"活动。这一星期来，校园里到处充满着喜气与欢乐，到处充满着生机与活力，仿佛花草树木都在载歌载舞，欢庆"六一"。

"面向全体、重在参与；大胆表现、体验成功；以艺养德、以艺促智、以艺促乐。"这是我们举办艺术周活动的宗旨。在整个艺术周活动中，你们没有辜负老师们的希望，充分展示了自己的才华：如歌声般甜美的班级歌咏比赛，滑稽幽默又富有教育意义的课本剧表演，色彩丰富又极富创造力的儿童面创作，蕴涵着同学们智慧与美感的"扇面设计"和"水果拼盘"，给人鼓舞、催人奋进的阵阵鼓乐。热闹非凡的校园小超市等，无不表现了同学们的智慧和才华。可以说，在我们这所新兴的小学里，你们在老师们的循循善诱和无微不至的关怀下，变得越来越聪明了；而我们的学校也因有了你们，显得充满生机和活力。××是你们成长的摇篮，我们要像爱家一样爱学校。

同学们，今天在你们还是含苞待放的花朵的时候，我们每位老师都愿化做最肥的养料施与你们；我们愿化做阳光，温暖你们；我

第一章 庆佳节
——海上生明月，天涯共此时

们愿化做甘雨，滋润你们。总之，我们愿化做你们成长中所需要的一切，只要祖国的花更美，祖国的明天更灿烂。

同学们，在阳光雨露的滋润下你们渐渐地长大了。看着自己辛勤浇灌的花朵慢慢开放，越开越美丽，老师们更是乐在其中。如果说过去的日子里，你们的幸福是父母、老师、亲戚、朋友创造的，那么今后的幸福则要你们通过自己的努力去获得——不断获得学习的进步，多多练就为他人、为祖国服务的本领，朋友越来越多、友情越结越深等。

总之，学习是快乐的、幸福的，我们要在学习中获得幸福、享受快乐。当我们长大成人的时候，要用我们的智慧和双手为别人创造更多的幸福，报答所有为我们的成长付出心血的朋友们。

可爱的同学们，昨天是值得我们赞美的，因为你们已付出了努力；今天是应该好好把握的，因为把握好每一个"今天"，就意味着把握住了今生；明天是充满竞争和希望的，你们是否应该夯实基础、信心百倍地去面对呢？

在今天这个你们最快乐的日子里，作为校长，我再一次衷心地祝福你们，愿你们的每一天都像鲜花般灿烂！

父亲节的来历

人们在庆祝母亲节的同时，并没有忘记父亲的功绩。世界上的第一个父亲节在1910年诞生于美国。1909年，住在美国华盛顿州士波肯市的杜德夫人，在参加完教会举办的母亲节主日礼拜之后，她有很深的感触，她想：为什么世界上没有一个纪念父亲的节日呢？

杜德夫人的母亲在她13岁那一年去世，留下六名子女。杜德夫人的父亲威廉·斯马特先生在美国华盛顿州东部的一个乡下农场中，独自一人、父兼母职抚养六名子女长大成人。斯马特先生参与过美国南北战争，功勋卓著，他在妻子过世后立志不再续弦，全心带大六个儿女。

杜德夫人是家里唯一的女孩，女性的细心特质，让她更能体会父亲的辛劳。斯马特先生白天辛劳地工作，晚上回家还要做家务与照料每一个孩子的生活。经过几十年的辛苦,儿女们终于长大成人,当子女们盼望能让斯马特先生好好安享晚年之际,斯马特先生却因为经年累月的过度劳累而病倒辞世。

1909年,正好是斯马特先生辞世之年,当杜德夫人参加完教会的母亲节感恩礼拜后,她特别地想念父亲。于是杜德夫人在1910年春天开始推动成立父亲节的运动。1924年,美国总统卡尔文·柯立芝支持父亲节成为全美国的节日。

当母亲含辛茹苦地照顾我们时。父亲也在努力地扮演着上帝所赋予他的温柔角色。或许当我们努力思考着该为父亲买什么样的礼物过父亲节时,不妨反省一下,我们是否爱我们的父亲,是否记得,他曾为我们无私地付出一生呢?

父爱如山,坚实沉稳,保护我们一天天成长、一步步前行;父爱如海,浩瀚深邃,给予我们无穷无尽的教诲和至真至纯的欢乐;父爱如光,明亮持久,默默地在我们的人生道路上指引方向。因此给父亲的最好的贺词,不是恭贺。而是理解和感恩。

父亲节贺词

范文一:

美国前总统乔治·布什在父亲节上的贺词

亲爱的兄弟姐妹、亲爱的朋友们:

父亲节是感恩的日子。学会感恩,尤其不要忽略最重要的家人。不要以为父母的爱是理所当然的。让我们一起郑重地对这份最无私、最伟大的爱表示深深的感激。

父亲在孩子的生命中扮演着许多不可或缺的重要角色:供养人、保护者、养育者、导师和朋友。每一个体贴的父亲都无条件地爱着他的子女并为了孩子的将来力求做到最好。为了给孩子谋求成功的机会,父亲给了孩子们所需要的力量、指导与纪律。

父亲教给孩子许多生活中最基本的事情:如何读书,如何投球,如何打领带,如何骑自行车,如何开车。更重要的是,父亲还把一些传统美德灌输给孩子，例如努力工作、尊重、诚实和良好的公民意识。透过他们的话语、行为，以及所作出的牺牲，父亲在子女的性格塑造中起到举足轻重的作用。

父亲给予孩子的时间和关注是不可取代的。没有什么可以取代一个负责的父亲的参与和投入。父亲不仅对孩子的健康至关重要，还关系着家庭的和睦和社区的稳定。

这个父亲节，我们赞美许许多多成为孩子偶像和楷模的父亲。我们鼓励更多的男同胞们承担起这个责任，全身心地关爱他们的子女，并每天都向子女表达关爱。让我们一起努力来鼓励父亲们做得更好，以此来让我们的社会变得更加强大，让我们所有子孙的幸福能够得到保障。

范文二：

一个女儿在父亲节上的贺词

老师、同学们：

大家好！

今天是个值得纪念的日子，是一年一度的父亲节！

母爱深似海，父爱重如山。人们在庆祝母亲节的同时，并没有忘记父亲的功绩。1909年就开始有人建议确立父亲节。1910年6月，人们庆祝了第一个父亲节。当时，凡是父亲已故的人都佩戴一朵白玫瑰，父亲在世的人则佩戴红玫瑰。这种习俗一直流传至今。

据说，选定6月过父亲节是因为6月的阳光是一年之中最炽热的，象征了父亲给予子女的那火热的爱。父爱如山，高大而巍峨，让我们望而生怯不敢攀登；父爱如天，粗犷而深远，让我们仰而心怜不敢长啸。父爱是深邃的、伟大的、纯洁而不可回报的，然而父爱又是苦涩的、难懂的、忧郁而不可企及的。父亲像一棵大树，总是不言不语，却用他枝叶繁茂的坚实臂膀为树下的我们遮风挡雨、制造荫凉。岁月如指间的流水一样滑过,不觉间我们已长大,而树却渐渐老去,甚至新发的树叶都不再充满生机。每年 6 月的第三个星期日是父亲的节日,让我们由衷地说一声:爸爸,我爱你!爸爸,父亲节快乐!

接下来让我们把一首诗送给天下的父亲:

是谁,用强劲的臂膀,为我们撑起一片灿烂的天空?

是谁,用勤劳的双手,为我们构建一个幸福的家园?

是您,父亲,一个平凡而又伟大的名字!

父亲是一座山,胸怀宽广,容纳百川;父亲是一把伞,为我们遮风挡雨,使我们远离灾难;父亲是一艘船,载着我们,乘风破浪,驶向爱的港湾!

在女儿的眼里,父亲更像是一棵树,春天能倚着幻想,夏天能靠着乘凉,秋天教我变得成熟,冬天教我变得坚强。

春夏秋冬,日月轮转,时光的痕迹,悄悄爬上您的脸庞;风雨的磨砺,使您饱经沧桑。

忘不了,您谆谆教导的情景;

忘不了,您骑车载送女儿上学的背影;

忘不了,女儿迟归时您目光中的忧愁;

忘不了,女儿生病时您脸庞上的担心。

忘不了的一幕幕,忘不了的父女情……

如果生命可以轮回,来生我还做您的女儿!

此时此刻,我只想在您耳边说一句:爸爸,我爱您!这是一个女儿的心声,祝愿天下的父亲身体健康!

谢谢大家!

教师节贺词

第一章 庆佳节
——海上生明月，天涯共此时

范文一：

某教师在教师节上的贺词

尊敬的各位领导、老师：

老师最幸福的日子是桃李飘香的季节，今天是教师节，首先，让我用最诚挚的祝福，祝愿普天下为人师表的园丁们节日快乐！

老师是孩子心中神秘的偶像。是培养孩子写出未来金戈铁马、气吞万里英雄史诗的奠基人。老师既可以让学生领略"天苍苍，野茫茫，风吹草低见牛羊"的美景。又可以让学生在"黄河之水天上来，奔流到海不复回"的诗句中畅游。

三寸粉笔画出人间冷暖、天地方圆。我爱这三寸粉笔，尽情挥洒化做皑皑细沫是它磊落的写照，孜孜以求传递信息文明是它一生的追求。三尺讲台是它驰骋沙场的沃野，一块黑板是它对镜梳妆的镜鉴。手拿三寸粉笔站在这三尺讲台上，我们自豪。我们荣幸。因为现代教学改革给了我们实施素质教育广阔的天空，尝试着奉献出一片爱心。让我们的学生感受到沁人心脾的一股股暖流，带领孩子们攀登一座座科学的高峰。透视着科学领域的广阔视野，我们手拿三寸粉笔，百舸争流；我们稳站三尺讲台，千帆勇进，我们"走进新课程"搭建出璀璨的实践舞台。

"衣带渐宽终不悔，为伊消得人憔悴。"在默默的耕耘中，在对"新课改"的挑战中，我们昂首阔步，一路高歌，体验着人生的莫大幸福。我们为人师表，我们无上光荣！每个教师节都是党中央对我们教师的激励，都是社会对我们教师的认可与期望，站在这三尺讲台上，我们体验到了在家中无法体验到的纯真、真诚、高雅与幸福。我在心中默默发誓，不为名、不为利，只为这些天真无邪的学生，我也要把这阵地守好。不求轰轰烈烈，但求踏踏实实：不求涓滴相报，但求人生无悔。

最后,我再次祝愿:老师们,节日快乐!

贺词佳句赏析

◆第一缕阳光是我对你的深深祝福,夕阳收起的最后一抹嫣红是我对你衷心的问候,在元旦来临之际,送上真挚的祝福:新年快乐!

——元旦贺词

◆××××年,公司感谢各位员工的一路同行,感谢你们为公司做的点点滴滴!回首××××,我们也共同经历很多坎坷,但幸运的是,我们大家的心,始终都在一起;展望××××,公司事业的发展正面临着难得的历史机遇,也面临着前所未有的严峻挑战!

——元旦贺词

◆初春雪漫漫,人间处处新!春节快乐,新年幸福!辞旧迎新,心想事成。以真挚热诚的祝福,在春节之际表示思念之情。祝春节快乐,新年快乐!

——春节贺词

◆愿明亮喜庆的春节,象征与温暖你一年中的每个日日夜夜,祝你欢欢喜喜度春节,高高兴兴过新年!这是分享快乐的节日,是祝福。

——春节贺词

◆晚上好!今天,我们在此举行"××××年企业暨职能中心迎新年晚会"。在这美好的夜晚,让我们释放情绪,放飞我们的心

第一章 庆佳节
——海上生明月，天涯共此时

情，让欢乐充满全场；不吝啬我们的掌声，让掌声响彻云外；让精彩冲破咽喉，把高兴喊出来！

——春节贺词

◆母爱是天涯游子的最终归宿，是润泽儿女心灵的一眼清泉，它伴随儿女的一饮一啜，<u>丝丝缕缕</u>，绵绵不绝，于是，在儿女的笑声泪影中便融入了母爱的缠绵。

——母亲节贺词

◆时光如水，年华易逝，似水流年淡去我们多少回忆，却始终不改我们对母亲的绵绵思念。莺归燕去，春去秋来，容颜渐老，白发似雪。儿女在一天天长大，母亲却在一天天衰老。当儿女望见高堂之上的白发亲娘，他们都会投入母亲怀抱，热泪涟涟！

——母亲节贺词

◆万里晴空，壮丽山河，赤旗飘扬，看九州方圆，普天同庆；江河歌唱，遍地流芳，社会稳定，人民幸福，改革开放谱新章，新中国，如世界巨龙，屹立东方；今朝如此辉煌，赖党政国策指方向，忆峥嵘岁月，生灵涂炭；黎民多难，长夜茫茫，枪林弹雨，出生入死，换得新生红太阳，当珍惜，永葆河山赤。地久天长。

——国庆节贺词

◆海上生明月，天涯共此时。情人怨遥夜，竟夕起相思！灭烛怜光满，披衣觉露滋。不堪盈手赠，还寝梦佳期。（《望月怀远》张九龄）

——中秋节贺词

◆转缺霜输上转迟，好风偏似送佳期。帘斜树隔情无限，烛暗香残坐不辞。最爱笙调闻北里，渐看星漾失南箕。何人为校清凉力，欲减初圆及午时。（《中秋待月》陆龟蒙）

——中秋节贺词

儿女的一饮一啜，<u>丝丝缕缕</u>，绵绵不绝，于是，在儿女的笑声泪影中便融入了母爱的缠绵。

——母亲节贺词

◆时光如水，年华易逝，似水流年淡去我们多少回忆，却始终不改我们对母亲的绵绵思念。莺归燕去，春去秋来，容颜渐老，白发似雪。儿女在一天天长大，母亲却在一天天衰老。当儿女望见高堂之上的白发亲娘，他们都会投入母亲怀抱，热泪涟涟！

——母亲节贺词

◆万里晴空，壮丽山河，赤旗飘扬，看九州方圆，普天同庆；江河歌唱，遍地流芳，社会稳定，人民幸福，改革开放谱新章，新中国，如世界巨龙，屹立东方；今朝如此辉煌，赖党政国策指方向，忆峥嵘岁月，生灵涂炭；黎民多难，长夜茫茫，枪林弹雨，出生入死，换得新生红太阳，当珍惜，永葆河山赤。地久天长。

——国庆节贺词

◆海上生明月，天涯共此时。情人怨遥夜，竟夕起相思！灭烛怜光满，披衣觉露滋。不堪盈手赠，还寝梦佳期。（《望月怀远》张九龄）

——中秋节贺词

◆转缺霜输上转迟，好风偏似送佳期。帘斜树隔情无限，烛暗香残坐不辞。最爱笙调闻北里，渐看星漾失南箕。何人为校清凉力，欲减初圆及午时。（《中秋待月》陆龟蒙）

——中秋节贺词

第二章 庆生、祝寿

——日月长明，松柏长青

庆生、祝寿是我国历史久远的文化习俗，既是对生命的一种尊重，又体现了传统的孝道。祝寿词在我们传统文化中占有很重要的位置，"松鹤延年""南山之寿"等贺寿词到今天还广为流传。到了今天，庆生、贺寿又加进了西方风俗和时尚元素，但是我们的贺词却依然保持了对于寿星的祝福之情。

生日礼仪又伯

对于生日文化的由来,人们一直众说纷纭。早在先秦《礼记·内则》中就有记载:"生子,男子设弧于门左,女子设帨于门右。这里"弧"是指弓,"帨"是指佩巾,类似现在的手绢儿。这句话意思是说孩子生下来时,如果是男孩子就在家门的左边挂一把弓,如果是女孩子就在门的右边挂手绢。

从此以后,每年的今日,人们都要设宴庆祝,也就是通常说的"过生日"。过生日是一项古老传统,其历史最早可以追溯到三千多年以前的周朝。到了南北朝,中国已经形成了一套完整的祝寿礼俗。唐宋时期。则是祝寿礼俗发展的高峰。到了明清时期。中国已经形成了独具民族特色的生日礼仪文化。成为中国灿烂民族文化的重要组成部分。

对于到底为什么过生日,通常有三种说法:

第一种说法:庆祝生命的延续和兴旺。在《汉书·卢绾传》中曾记载,卢绾的父亲与汉高祖刘邦的父亲同住一里。结为生死之交,两人的妻子又在同一天各自生下了一名男婴,乡亲们得知这一消息后特意准备了礼物前来祝贺,而这一日期就是孩子们的始诞纪念日,也就是生日。可见,过生日的习俗在秦末已十分流行。

第二种说法:对母亲赋予生命的感激。俗话说:"儿的生日,母亲的苦日"。抛开十月怀胎不说,当一个生命来到这个世界上时。作为孩子的母亲必须忍受巨大的生理和心理痛苦,因而在民间还有一种说法,认为过生日的本义就是要"哀哀父母,生我劬劳","劬"就是劳苦、辛苦的意思,就是希望通过过生日来追思母亲临

第二章　庆生、祝寿
——日月长明，松柏长青

产及分娩时的痛苦，体会父母哺育的艰辛。

第三种说法：消灾驱邪。这种说法源于一个民间传说。有个少年家境贫寒，家中只有一位年过七旬的老母亲与他相依为命。一次，少年突然得了一种奇怪的病，家里无钱医治，眼看奄奄一息之际，有人告诉他一个方法，称某月某日，八仙将路过此地，可备上酒水以求他们帮助。少年依计行事，果然见到了八仙，治好了怪病，临别时八仙告诉他："今日是你再生之日，此后每年今日予以庆祝，定可长寿。"消息传开后，过生日置酒请客逐渐成为当地人的一种习俗，流传开来。这虽然是个传说，但也可以看出，过生日在很多人心里有一种消灾祛病、祈求来年平安的意思。

生日宴又是从何时开始，有着什么样的意义和故事呢？最初是在夏朝神话中开始的，人们生日当天会求拜彭祖（传说他活了800多岁）让自己长寿，这当然是一个神话，但历史上彭祖似乎确有其人。《史记－楚世家》和屈原的长诗天问》都记载了他是五帝之一颛顼的玄孙。据司马迁《史记·天官书》记载，秦始皇在首都咸阳建造寿星祠，每年供奉寿星，祈求保佑秦朝万寿无疆。

到了汉朝，这位威严的星官就演化成了带有浓厚政治色彩的寿星。据《后汉书·礼仪志》中记载，东汉明帝曾举办过一次特殊的供奉寿星的宴会，召集普天之下年满70岁的老人为座上客。此宴承载一种重要的伦理价值观念—"尊老、孝道"，它所衍生出的不仅仅是一种社会美德，更是封建王朝的治国之本。提倡孝道实际上就是弘扬忠臣品格，加固帝王的权力。

到明朝之后，政府下令取消自秦汉以来国家供奉"寿星"的制度。从此寿星完全除去了政治色彩，进入民间。起初，过生日祝寿的风俗并不盛行，只有德高望重之人或富贵人家才能设宴过生日。从明清出后，生日宴的风俗才在全国兴起。

诞生庆典礼俗

诞生的礼俗是一个人来到这世上进行的第一项内容。它不仅仅是一种形式，更包含了父母亲友对孩子的美好祝愿。古代的诞生礼俗繁杂，包括"三朝""十朝""满月""百日"和"周岁"等。总的来讲是从孩子出生前一直到孩子满一周岁进行。

降生礼俗

新生儿的诞生为一个家庭增添了几分喜气，因此，婴儿一降生，父母就要到亲戚朋友处报喜。报喜就是婴儿初生的第一项礼仪活动。依照我国传统理念，生儿生女虽都为喜事，但是男子在古代是主要劳动力，传统中更是有男尊女卑的观念，所以在报喜之时也因新生儿的性别不同而有着各自的特色。这样的传统从先秦之时，就有典可查，有"弄璋""弄瓦"之说，璋是指美玉，代表男孩，瓦则是土器，代表女孩。除了言语，更多的是用行动和礼物来表示，在湘西地区就有着提鸡报喜的习俗。产妇生产的当天，夫家要准备两斤酒、两斤肉、两斤糖和一只鸡，生产之后由女婿提着礼物到岳父家报喜。生儿生女从送的鸡的性别一看便知。

生孩子除了报喜之外，另一项礼俗就是在自家门口悬挂诞生的标志。这样既能够标示出产妇和新生儿的住所，也明确标示出男女，用象征物来寄托对新生儿的祝福。各个民族和各个地区的象征物多与生活习惯等相关，颇具有地域民族特色。生活在晋西北地区的人民，多用剪纸来作为标志贴在门外，生男孩就贴一对红纸剪成的葫芦，生女孩就贴一对纽纸剪成的梅花。东北地区的满族人家，生男在门外悬挂弓箭，希望其队后能骑善射，生女挂红布条，象征

第二章 庆生、祝寿
——日月长明，松柏长青

吉祥。

出生礼俗

在我国有些地方依然保存着传统的古礼，那就是种树。俗话说得好，百年树人，十年树木。成材和成才在某个方面是相互联系的，所以我国有为刚出生的孩子种同龄树的传统。人们在养育孩子的同时，也培育这些与孩子一同落地的纪念树，让小树伴着他们成长。

满月礼

满月礼又称为弥月礼。就是小孩子出生满一个月举行的仪式。主要内容大多是外婆和舅舅带着小孩子在大街上走一走，一方面庆贺孩子满月，一方面庆贺产妇出月。到了满月这一天，通常都是宾客满席，一般婴儿的女性长辈要准备好新生儿的衣物作为礼品。除此之外，还有剃胎发等习俗，许多地区的剃发礼是由婴儿的舅舅主持的。当然不同的地区也会有不同的风俗。

百日礼

百这个字在中国传统文化中是个重要的数字，它有圆满完全的寄托。因此在婴儿出生的第一百天，一定要进行的就是百日礼。百日礼的礼品和满月礼大同小异。最有特色的是百家衣、百家食、百家锁等。这些礼品大多是寓意长命富贵，百岁吉祥等。

周岁礼俗

周岁礼既是诞生礼俗的终结，也是一个人寿礼的开端。起着承上启下的重要作用。所以无论古今，还是不同地区，周岁礼都特别隆重，除了祭祖和祭神之外，还有试鞋、抓周等。试鞋是指新生的小孩要试穿虎头鞋来壮胆辟邪，以求其安心成长。其中最具神秘色彩的是抓周，也就是在小儿周岁之时，摆上各种象征物品，随其抓取，以此来测验孩子长大后的志趣喜好。虽然抓周带有浓厚的迷信的色彩，但是依然得以完整的保留和传承。

寿诞的称谓

人生在世，追求的就是福禄寿三星高照。其中的寿，就是指人年龄的长久。对于能否获得长长久久，更是许多人关心的问题。无论是年轻人，还是长者，对于自己的寿诞都格外地重视。现在的年轻人喜欢庆祝生辰，也只能说是过生日而已。只有五十或六十岁以上的长者庆贺生辰才能称之为"庆寿"。

在古时，又有上中下寿之分，百岁称之为上寿，八十岁称之为中寿，六十岁称之为下寿。是一定要庆贺的。不同年龄的寿宴有不同的名称和讲究。

在人的六十岁这一年，赢来了第一个大型的寿宴，即花甲寿。寿庆当天多由寿者的儿孙张罗。诞日之前，子女还要准备丧葬所用，所备之物其名皆以"寿"字起首，如"寿衣""寿材"等。这并不是不吉利的事情，而是从另一个方面反映希望老人活得长长久久。

从六十的生日开始又有着逢十做寿的说法。七十岁叫做古稀寿，出自于杜甫的诗句"酒债寻常行处有，人生七十古来稀"。七十七岁的寿诞称之为喜寿。到了八十岁，这一年的寿礼庆典则特指为过大寿。通常八十大寿不仅是值得全家人庆贺的事，更是值得亲朋宾客相聚的日子。八十岁之后，八十八岁的生日称之为米寿，原因是八十八写在一起刚好是个米字。九十九岁称之为白寿，一百零八岁的寿诞称之为茶寿。这样的传统一直在全国大部分地区流行。

但是要特别注意的是，我国有着"做虚不做实岁"的习俗，也是上文所说的整十岁的寿辰都要提前到虚岁来举行隆重的祝寿仪式。我国更有做"九"不做"十"的传统，在民间，认为十是一种

第二章　庆生、祝寿
——日月长明，松柏长青

圆满，到头到顶的意思。"十全为满，满则招损"当然是不吉利的，而"九"与"久"同音，象征着长长久久，表示寿数没尽头。

除此之外，自古还有"男不做三，女不做四"的禁忌，也就是男人不过三十岁生日，女的不过四十岁生日。关于这一禁忌，一种说法是，三十和四十这两个大生日正好介于一个比较尴尬的位置上。男子三十而立，成家立业，自己的父母多半到了需要人照顾的年龄不便于继续给孩子过生日，再加上自己已经成家立业，再像小孩子一般过生日颇有不妥。而女子年及四十，多半即将进入更年期，因此不再愿意提及，自然不会过。而另一种说法是因为"三"谐音丧，"四"谐音"死"。中国自古就有避讳不吉之数的传统。

抓周的起源

文献上有关抓周的记载，对民间这一"抓周"习俗，可上溯到南北朝时期。北齐颜之推《颜氏家训·风操》中就明确记载："江南风俗，儿生一期（即满一周岁），为制新衣，盥浴装饰，男则用弓、矢、纸、笔，女则用刀、尺、针、缕，并加饮食之物及珍宝服玩，置之儿前，观其发意所取，以验贪廉愚智，名之为拭儿。"不少著述在论及抓周习俗的历史时，都称此俗至少在南北朝时已普遍流行于江南地区，至隋唐时逐渐普及全国。

一种习俗从发生形成到蔚为风气，应有一个时间过程。抓周在南朝已普遍流行江南，其发生时间当更早一些。故又有人根据民间流传的《三国外传》，将抓周的起源时间推前至三国时代。

相传，三国时吴主孙权称帝未久，太子孙登得病而亡，孙权只能在其他儿子中选太子。有个叫景养的西湖布衣求见孙权，进言立嗣传位乃千秋万代的大业，不仅要看皇子是否贤德，而且要看皇孙的天赋，并称他有识别皇孙贤愚的办法，孙权遂命景养择一吉日。是日诸皇子各自将儿子抱进宫来，只见景养端出一个满置珠贝、象牙、犀角等物的盘子，让小皇孙们任意抓取。众小儿或抓翡翠，或取犀角。唯有孙和之子孙皓，一手抓过简册，一手抓过绶带。孙权大喜，遂册立孙和为太子。然而，其他皇子不服，各自交结大臣，明争暗斗，迫使孙权废黜孙和，另立孙亮为嗣。孙权死后，孙亮仅在位七年，便被政变推翻，改由孙休为帝。孙休死后，大臣们均希望推戴一位年纪稍长的皇子为帝，恰好选中年过二十的孙皓。这时一些老臣回想起先前景养采用的选嗣方式，不由啧啧称奇。其后，许多人也用类似的方法来考校儿孙的未来，由此形成了流被江南的"试儿"习俗。

还有人认为，"试儿"习俗的源头可以溯及先秦，其实是楚人崇神信巫文化的产物。《左传·昭公十三年》记，楚共王无嫡子，想在五个受宠爱的庶子中选嗣，乃遍祭名山大川，祈曰："请神择于五人者，使主社稷。"又以一块玉璧遍示名山大川，曰："当璧而拜者，神所立也，谁敢违之？"然后将此璧秘密埋在祖庙的庭院里，让五庶子依长幼次第进庙拜跪祖先，谁正好压在埋玉璧的位置上，他就是神灵所确立的王嗣。年龄最小的楚平王被抱进祖庙后，两次下拜，均压在了玉璧的璧纽上。但楚共王最终把下跪时两足各跨玉璧一边的长子（即楚康王）立为太子。大臣韦龟甚有感慨，以为此举违背了天命，故嘱托其子于平王，其后平王果然在楚国内争中坐上了王位。这段载于史传的故事，与孙权选嗣的传说何其相似，亦可看作是"试儿"之俗的滥觞。像这种用抓阄式迷信以预测判定小儿终身的方式，理所当然地为崇尚质朴、重视教育的中原儒家文化所不取，这也正是"试儿"术长时期只能在南方地区传承而不能流向北方的重要原因。颜之推以批评口吻叙及此俗，亦是这个缘故。

到了唐宋时期，这一风俗已从江南传遍了神州大地，在全国各地逐渐盛行开来，谓之"试晬"或"周晬"。宋代孟元老《东京梦华录·育子》中记载说：民间生子后，"至来岁生日，罗列盘盏于地，盛大果木、饮食、官诰、笔砚、算秤等经卷针线应用之物，观其所先拈者，以为征兆，谓之'试晬'，此小儿之盛礼也。"

第二章　庆生、祝寿
——日月长明，松柏长青

元代和明代，此习俗更加盛行，被称之为"期扬"，到了清代才有"抓周""试周"之称。《儿女英雄传》第十九回就详细记载了一则抓周趣事："这年正是你的周岁。我去给你父母道喜。那日你家父母在炕上摆了许多的针线刀尺、脂粉钗环、笔墨书籍、戥子算盘，以至金银钱物之类。又在庙上买了许多耍货。邀我进去，一同看你抓周儿。"

清末民初，北京民间仍然盛行这种小儿"抓周儿"礼。虽然，小儿周岁并不搭棚办酒席，也不下帖请客，但近亲们都不约而同地循例往贺，聚会一番。一般不送大礼（如贺幛、金银首饰），仅是给小孩买些糕点食物或玩具。另外，在习惯上，凡与小孩初见的长辈们，都用一挂白线，拴上钱币，给小儿套在脖子上，谓之"挂线"（此礼平时也适用）。

关于周岁抓周的传说

相传，笔架山下有李仕林和张士元，他们二人自小就是一对要好的朋友。李仕林聪颖好学，张士元则八面玲珑，这二人都是一等一的人才。

李仕林和张士元自小就爱在笔架山中玩耍，这笔架山却是一座灵山，山中更有杜鹃仙子。李仕林和张士元便在山中结识了美丽善良的杜鹃小仙子。这小仙子是杜鹃七仙子中最小的一个，最活泼好动，由于受到六位姐姐的约束，小仙子平日里只现身与李仕林和张士元见面玩耍，却从来不见山下的其他村民，这山中有仙子一事就成了这三人孩提时代的秘密。

日子一天天过去，李仕林和张士元也一天天长大，可是他们却发现无忧无虑的日子也渐渐少了起来，这兄弟二人心中都爱极了小仙子，可是却谁也不敢开口表白，这二人一无功名，二无财富，都是一穷二白，孑然一身。每每见到纯真美丽的小仙子都会生出一种自惭形秽的感觉来。渐渐地，这二人不再主动上山与小仙子见面，聪明的小仙子看在眼里，就想帮这二人一把。

一天，小仙子下山而来，寻到李仕林和张士元二人，对二人道："好男儿志在四方，你们应该出去成就一番事业"。说着便从怀中掏出七件物品，置于桌上，道："这是我和我姐姐的七件宝物，你们二人各选一件，带出去各自发展吧"。李仕林和张士元二人心生惭愧，但确实想成就一番事业，于是对望一眼，便一人选了一件物品。李仕林自幼好学，于是选了一个笔架，而张士元对经商颇有些兴趣，于是挑了一锭金元宝。小仙子见二人都选好了各自的物品，便对二人道："这两件东西都是宝贝，你二人只要勤奋努力善加利用必成大器，五年后，你们回来将宝物归还与我，我自在山中等候你们二人回来。"说完便飘然而去。

李仕林和张士元二人得了宝物，果然好运连连，几年间李仕林自秀才到举人到最后金殿夺魁，连过三关竟中了状元。而张士元也是风生水起。从小商小贩一直做到富甲一方的大富豪。

花开两朵，各表一枝。却说小仙子将姐姐们的宝物偷来送给李仕林和张士元二人后，回到山中，便发现了异常。这杜鹃七仙子乃是当年女娲娘娘用杜鹃花瓣所造，而她们的宝物也是女娲娘娘赐予的，这样的神物岂能落入凡人手中，小仙子得知原委后天谴已至。姐妹七人化作一颗杜鹃王树，同根七枝，回归本源，再也变不回人形了。

不久后，五年之约已到，李仕林和张士元二人如期而至，衣锦还乡。二人迫不及待地来到笔架山中，寻找小仙子，可是寻遍笔架山也只是芳踪渺渺。二人在山中找了三天三夜，发现了那颗不同寻常的杜鹃王树，这时，他们二人当年从小仙子那里得到的两件宝物笔架和元宝突然飞向空中，化做两块巨石，落于笔架山中。同时杜鹃王树中走出了小仙子的幻影，将事情的原委告诉了二人，并告诫二人要好好利用自己的成就造福百姓。二人得知真相后悲痛欲绝，但想起仙子的嘱托终于还是离去，后来这一官一商着实为百姓做了

第二章 庆生、祝寿
——日月长明，松柏长青

不少好事，这也算不妄了小仙子对二人的一番情谊。

为了纪念小仙子，这李家和张家便有了一个规矩，凡是孩童满周岁的时候，两家的家长便会摆放七件物品让孩童抓阄，以确定孩童的志向。据说非常灵验，孩童每每抓中了物品长大后便会在这一方面有杰出的成就。

后来周岁孩童抓周的习俗由李张两家流传来出去。形成了后来的民间习俗。

抓周仪式

抓周是小孩周岁时举行的一种预测前途和性情的仪式，是第一个生日纪念日的庆祝方式，属传统诞生礼之一。

这种习俗，在民间流传已久，它是小孩周岁时举行的一种预测前途和性情的仪式，是第一个生日纪念日的庆祝方式。它与产儿报喜、三朝洗儿、满月礼、百日礼等一样，同属于传统的诞生礼仪，其核心是对生命延续、顺利和兴旺的祝愿，反映了父母对子女的舔犊深情，具有家庭游戏性质，是一种具有人伦味、以育儿为追求的信仰风俗，也在客观上检验了母亲是如何带领婴儿，如何进行启蒙教育的。

婴儿的一周岁生日最受重视。婴儿一周岁纪念口的庆祝活动也非常隆重。婴儿生日到来之际，婴儿的妈妈把自己装扮得漂漂亮亮，然后给孩子穿上一套精心制作的服装，并把孩子抱到已预备好的生日桌前，让婴儿"过目"专门为他摆设的"涉猎物"。这种"抓周"礼的风俗在民间流传已久。吴自牧《梦粱录·育子》载："其家罗列锦席于中堂，烧香炳烛……金银七宝玩具、文房书籍、道释经卷、秤尺刀剪、升斗戥子、彩缎花朵、官楮钱陌、女工一针线、应用物件并儿戏物，却置得周小儿于中座，观其先拈者何物，以为佳谶。"宋代《东京梦华录·育子》谓此为"小孩之盛礼"。

"抓周"的仪式一般都在吃中午那顿"长寿面"之前进行。讲究一些的人家要在床前陈设大案，上摆：印章和儒、佛、道三教的经书。笔、墨、纸、砚、算盘、钱币、账册、首饰、花朵、胭脂、吃食、玩具，如是女孩"抓周"还要加摆铲子、勺子（炊具）、剪子、尺子（缝纫用具）、绣线、花样子（刺绣用具）等。一般人家，限于经济条件，就简单一些，仅用一铜茶盘，内放私塾启蒙课本《三字经》或《千字文》一本，毛笔一支，算盘一个，以及烧饼油果一套。女孩加摆铲子、剪子、尺子各一把。由大人将小孩抱来，令其端坐，不给予任何诱导，任其挑选，视其先抓何物，后抓何物。以此来测卜其志趣、前途和将要从事的职业。

如果小孩先抓了印章，则谓长大以后，必承天恩祖德，官运亨通；如果先抓了文具，则谓长大以后好学，必有一笔锦绣文章，终能三元及第；如果小孩先抓算盘，则谓将来长大善于理财，必成陶朱事业；如果女孩先抓剪、尺之类的缝纫用具或铲子、勺子之类的饮事用具，则谓长大善于料理家务。反之，小孩先抓了吃食、玩具，也不能当场就斥之为"好吃""贪玩"，也要被说成"孩子长大之后，必有口道福儿，善于及时行乐"。总之，此礼俗乃长辈们对小孩的前途寄予厚望，在一周岁之际，对小孩祝愿一番而已。通过小孩抓周，在客观上检验了父母对小孩是如何熏陶的，是如何进行启蒙教育的。因此，有些家长并不迷信，但仍主张让小孩抓周儿，也是这一风俗得以在民间持久流传的原因之一。

第二章 庆生、祝寿
——日月长明，松柏长青

古时祝寿习俗

祝寿风俗是人生礼仪的重要组成部分。据《尚书》记载："五福，一曰寿，二曰福，三曰康宁，四曰攸好德，五曰考终命。"寿居五福之首，可见古人对寿是非常重视的。祈福求祥，盼望寿运长久，祖祖辈辈已约定俗成，由此也带来了隆重的祝寿风尚。

祝寿作为中华民族的一种优良传统，在历朝历代都被推崇。上至帝王将相下至平民百姓，爱戴（孝敬）老人、追求长寿之事不泛其例。早在春秋战国时期，我国上层统治集团就出现了原始形态的祝寿活动。《诗经》中所用"万寿无疆""南山之寿"这样的颂句，在今天的祝寿活动中仍十分常见。应该说，春秋战国以后的献酒上寿活动虽然并不一定与特定的生日联系在一起，但由于活动本身具有"为人上寿"的特点，因此仍然可以说是今日祝寿礼仪的雏形。秦王嬴政为自己长寿不老，曾派方士徐福率童男童女各3000人，东渡寻求仙药。汉高祖刘邦，捧酒为寿。唐宋以来，皇帝于寿诞日为自己制定专门的节日进行祝贺。从古至今，这种习俗一直源远流长，相延不断。

古时候，人有上中下寿之分，120岁称上寿，100岁称中寿，80岁称下寿。年高龄长者为寿，庄子说："人，上寿百岁，中寿八十，下寿六十"。古人有"六十为寿，七十为耆，八十为耄，九十为耋，百岁为期"之称。祝寿多从60岁开始，习惯以虚岁计算，且老人的父母均已过世。开始做寿后，不能间断，以示长寿；祝寿重视整数，如60、70、80等，逢十则要大庆。尤为重视80大寿，隆重庆祝老人高龄；祝寿有"庆九不庆十"之说。

所以年轻人庆祝生辰，只能称"做生日"，不能称"做寿"。只有年达50或60以上者庆祝生辰，才可称为"庆寿"，但为寿翁寿婆者，总会自谦称："小生日，何必太隆重。"所以"寿"与"生日"，又被当作"尊敬语"与"自谦语"应用。

古时候布置寿堂，一般正厅墙壁中间，男寿悬挂南极仙翁，女寿悬挂瑶池王母；或悬挂八仙庆寿图、三星图等象征高寿之画轴；或以金纸剪贴大"寿"字挂于礼堂正中。正中设礼桌。礼桌上陈设寿酒、寿桃、寿糕、寿面、香花、水果等。地上置红色拜垫。以备后辈行礼。

"酒"取久为谐音，有长久之意；"鱼"象征富裕，年年有余；"面"寓意长，所以吃寿面有延年益寿之意；"果"表示功德圆满、硕果累累；"糕"含义高，为谐音，有高山之意，希望老人高福高寿，延年益寿。糕要尽量叠高，正好应了那句寿比南山高的祝词；说到寿桃，在神话传说中，当年西王母祝寿时，曾经在瑶池设蟠桃会招待群仙，因而后世民间祝寿要用寿桃，均为讨个吉利、吉祥。供照明的有寿烛、寿灯（长寿灯）等。祝寿的文章称寿序、寿文、寿诗等，都是一些赞颂溢美之辞。

祝寿无一定的仪式，古时通常晚辈宾客，仅向寿堂行三鞠躬礼，寿星可定时出堂受贺；其余时间则由子侄辈在礼堂答礼。新式寿诞，常在宴会之前，由寿星分切蛋糕饷客。庆祝寿诞，一般都是经济较富裕者方能进行，所以在招待上比较讲究。

古时在寿诞前夕，就开始宴请至亲好友，称为"暖寿"；中午为面席，取其"长寿"口彩；晚间为大宴。次日，尚有宴席，以谢执事。

现在的寿庆宴席，有两项内容似乎是必不可免的：一是要由寿翁（寿婆）吹生日蛋糕上的蜡烛，然后分吃蛋糕；二是要吃面条，以讨长寿的口彩。

古人祝寿之词

祝寿在中国传统上有着悠久的历史，人们把其称为是孝敬老人的寄托。祝寿之词，在浩瀚的祖国词汇之中，也是蔚为大观的，现聊举数则，以窥一斑。

最为通俗的祝寿之词，莫若"寿比南山"了。将寿年比若南山，通俗归通俗，但是其来源却古老得很，《诗经·小雅·天保》中有句"如南山之寿，不骞不崩"就是出处了。至于那些高寿者有常被称作"寿星""老寿星""寿星老儿"，那是源自民间的福禄寿的南极仙翁了，也是家喻户晓的。而各名著经典也有描述祝寿的佳句。

《诗经·小雅·瞻彼洛矣》中："瞻彼洛矣，维水泱泱。君子至此，福禄如茨。韎韐有奭，以作六师。瞻彼洛矣，维水泱泱。君子至此，鞞琫有珌。君子万年，保其家室。瞻彼洛矣，维水泱泱。君子至此，福禄既同。君子万年，保其家邦。"

《庄子·逍遥游》有"上古有大椿者，以八千岁为春，八千岁为秋"，椿，也就成为长寿之喻了，"椿寿""庄椿""椿龄""椿年"也随之成为祝人长寿之词。并且物以类聚，在古人看来，松、柏和椿一样，也是长寿的，因而"松椿""椿松""椿柏"也同样成为祝寿之词。

说到松，想起经常看到的所谓的松鹤图中的"鹤"来了。《淮南子·说林》有"鹤寿千岁，以极其游"。古人认为鹤为长寿之鸟，后故以"鹤算"为祝人长寿之词。

相传龟也有千年之寿，"龟鹤""龟年鹤算"就成为祝人长寿之词了，并且《史记·龟策列传》中也载"龟千年乃游莲叶之上，蓍百茎共一根",就说龟千年就作巢于莲叶之上,随之"巢莲龟""巢龟戏叶"也常用作祝寿之词。

有趣的是,癞蛤蟆也可以作为长寿之喻。癞蛤蟆的美名叫蟾蜍,传说万岁蟾蜍,头上有角,因而"角蟾蜍"也可用以祝人长寿。

彭祖,人所共知的人物,彭祖姓姬,名铿,寿长八百岁,后故以为长寿的象征,因而"籛山""彭籛""铿籛"也可用以祝人长寿。另《史记·老子韩非列传》说,老子有一百六余岁,或言二百余岁,老子名聃,因而"彭聃"也为祝人长寿之词。唐张守节《史记正义》称尧活了一百一十七岁,后也以"尧龄"为祝颂长寿的套语。

由于逢寿必祝,祝诗祝联难免多且滥,所以有词家道出其中难处:"难莫难于寿词,倘尽言富贵,则尘俗;尽言功名,则谀佞;尽言神仙,则迂阔虚诞。"纵观许多祝寿的诗词联话。都离不开什么"福如东海,寿比南山"的旧话,所以即使多得车载斗量也难以流传。

宋代祝寿诗词最多。辛稼轩有一词谐戏欢愉被人称道。这是祝他本家一亲戚八十寿,其词道:"更休说,便是个,住世观音菩萨。甚今年,容貌八十,见底道,才十八。莫道寿星香烛,莫祝灵椿龟鹤。只消得,把笔轻轻去,十字上,添一撇。"在十字上添一撇,成了千岁,这种祝寿词确实比干巴巴地祝寿要强许多。

在寿联上,人们绞尽脑汁使得词章工巧,构思奇特,清代彭文勤祝乾隆八十大寿、在位五十五年的寿联可以称"最"了,其上下联以"五"和"八"为对,可谓对得天衣无缝:"龙飞五十有五年,庆一时,五数合天,五数合地,五事修,五福备,五世同堂,五色斑斓辉彩服;鹤算八旬逢八月,祝万寿,八千为春,八千为秋,八元进,八恺登,八音从律,八方缥缈奏丹墀。"

另外,像"封人祝尧""眉寿""碧桃""三寿作朋"等之类,也经常用来作祝颂人长寿之词。

第二章 庆生、祝寿
——日月长明，松柏长青

生日贺词要区分年龄

周岁生日贺词

范文一：
一位母亲在儿子周岁生日宴上的贺词

亲爱的××：

今天是你一周岁的生日。当你还在妈妈的肚子里的时候，妈妈就对你充满了期待，想象着宝宝会是什么样子呢？妈妈生怕你在里面会不舒服，会饿着，会寂寞，于是每天都放音乐给你听，每天都尽量多吃有营养的食物；睡觉前让爸爸讲故事，让你时时刻刻知道，我们都在关注着你。还有呢，生怕你有什么不妥，每天都得数好几次胎动的次数，定期去医院检查。为了生你的时候不让你太痛苦，别生产时间过长，妈妈每天都挺个大肚子跟着音乐做一套孕妇体操，练孕妇式的呼气和吸气。都说自然生产的宝宝好，于是妈妈就拼命克服着恐惧感，勇敢地产下了健康的你。

都说吃母乳的孩子抵抗力好、聪明，于是，妈妈坚持用甘甜的乳汁喂养你。的确，你现在的抵抗力是得到了加强，到目前为止还没有发过一次烧呢！妈妈感到非常欣慰。

这一年里，你成为了妈妈的生活中心。你笑，妈妈也笑；你哭，妈妈就苦恼。从你刚从妈妈的肚子里钻出来还是那么小小的、软软的，脸和其他小伙伴没什么分别，到现在长成了健康、漂亮、聪明的小朋友；从一个只会吃妈妈奶的小婴孩，到已经可以独自站立，有了自己主意的棒小伙。××，你就是妈妈的全部骄傲。

妈妈在你满五个月的时候，开始尝试着在网络上为你安了个新家，记录着你的成长故事。要知道，妈妈一向对写作不感兴趣，在学校读书的时候，对老师说的"用心去写"始终不得要领。可是，亲爱的××，由于你的到来，妈妈懂得了"用心去写"的真谛。虽然妈妈写的文章不华丽，有时还会出现错别字，但是，亲爱的××，妈妈是用心来感悟你带给妈妈的快乐的！

亲爱的××，第一年只是你生活的开始，以后，还有许许多多的生活体验等着你一一去尝试。妈妈会在身边陪着你，支持你，默默地注视着你，记下你的点点滴滴。亲爱的××，你要做生活的强者。要有勇气来克服生活中的不如意。做一个真正的男子汉！

亲爱的××。妈妈爱你！你是妈妈生活中不可分割的一部分。

成人礼贺词

范文一：

冯小刚在女人成年礼上的贺词

按理说，我不该紧张的，但是，讲老实话，现在站在这儿，我还真有点儿。怎么说，激动也好，欣喜也好，都掺在一起就变成了紧张，还好，只是一点儿紧张，已经可以忽略不计了。

现在我想说，今天能参加这个典礼我真的很高兴，很骄傲！我想代表所有的家长谢谢孩子们，谢谢你们给爸爸妈妈带来的这份荣耀。我还要谢谢学校和老师，你们看，我们的孩子们就坐在那里，都那么健康，那么优秀，那么漂亮，谢谢老师的教育，谢谢学校办这个典礼，让我们一起见证和分享了孩子们人生里很重要的一刻。

吾家有女初长成，这是今天看到了18岁的女儿，我心里冒出来的一句话。女儿长大了，当爸的是该放心了，还是更担心了呢？欣喜之余也有些不安。心里很矛盾，亲爱的女儿，现在你要开始接触到真正的人生了，生活有时候，并不像你想象的那么公平，世界上没有完美的事物，你爱的人也许不爱你。这所有的一切，单纯如你，会了解接受吗？来之前我想了很久，但想想又释然，聪慧如你，自会慢慢了解如何应付。

第二章 庆生、祝寿
——日月长明，松柏长青

我想，今天这个成年礼是在告诉孩子们，他们成年了，同时也是在告诉我们家长，他们成年了。我们虽然有很多理由担心，但我们还是应该学会相信和放心。亲爱的女儿，我想告诉你，无论你欢乐还是流泪，任何时候你回头，爸爸就在你身后，微笑着看着你。不要害怕失败，不要担心跌倒，爸爸会扶你起来。只是爸爸不再牵着你的手领着你走了，爸爸只会在你身后，默默看着你，人生道路既有阻碍也很长，一步一步需要你自己摸索前行。

学着面对一切真实，接受一些不完美，承担一些责任，自己作一些决定，孩子们，18岁的你们，是时候了。

范文二：
作家肖鹰在儿子即将年满18周岁之时写给儿子的话

儿子：

今年5月15日你年满18周岁。在你即将参加成年式的前夕。作为父亲的我。专门为你写这一篇短文。我今生至此已经写了上百万字的文章，但专为你写文章。这还是第一篇。这篇短文。我将使用传统的书信方式。在你的成人式上。传递到你的手中。

父亲对即将成人的儿子根本的惦记，就是儿子能否真正独立承担起自己人生的未来，能否开创一个有价值的人生。王修说："父欲令子善，惟不能杀身，其余无惜也。"他的意思是说，除了不危害生命，一个人就应当无保留地将自己奉献给完善自我的人生理想——"善"。"望子成龙"是一个人们普遍熟悉的说法，但我更赞同王修所说的"欲令子善"。"望子成龙"是外在目标的要求，而"欲令子善"是从内及外的要求，要求作为一个人的完整发展。简单地讲，"善"就是将自己独立实现为一个有价值的人。在这个意义上，父亲比母亲更期待儿子的成长。

但是，我不只是期待你走向成人的成熟和完善，同时，我还期待你在成人之后还永远保存着童心中的真挚、自然、欢悦，这就是说，我希望你成人后的心，是成熟的，但也是充满童心的。在成年人的人生中保存一份天真，是不容易的，但却是美好的成人生活所不可缺少的。作家丰子恺在《给我的孩子们》一文中说："我的孩子们！我憧憬于你们的生活。每天不止一次！我想委婉地说出来，使你们自己晓得。可惜到你们懂得我的话的意思的时候，你们将不复是可以使我憧憬的人了。这是何等悲哀的事啊！"每一个父亲，内心中都会对孩子们的生活有一种憧憬，这种憧憬是热爱童心的纯真和欢乐的心意。明代思想家李贽说："夫童心者，绝假纯真，最初一念之本心也。若失去童心，便失去真心；失去真心，便失去真人。人而非真，全不复有初矣。"（《童心说》）我希望你保存这童心，根本希望的，就是保持你的真心，并做一个真人。真人，才有真爱，才有真正的欢乐和幸福。无疑，父亲期待你的未来是欢乐和幸福的。

写到这里。已是新一天的凌晨了。窗外一片都市深夜的沉寂。此时，我期待你美好未来的心，正如这幽暗的夜空盼待数小时后的动人的黎明一样，宁静而执著。

为你成人祝福！

花甲大寿贺词

范文一：
领导在花甲老人寿宴上的贺词

尊敬的××老师、尊敬的各位来宾，女士们、先生们：
大家好！

今夜，星光摇曳，灯火璀璨。在这样一个美好的夜晚，我们迎来了××老师的生日！我们在这里欢聚一堂，共同庆祝××老师六十华诞。

在此，我代表××学校向各位尊敬的嘉宾、各位敬爱的老师，各位亲爱的同学的到来，表示热烈的欢迎和真诚的感谢，感谢你们多年来对××学校的关心与支持。感谢你们多年来对××老师的理解和帮助。谢谢大家！同时，也请允许我代表到场的各位嘉宾、老师和同学们。祝××老师健康长寿，合家幸福。

××老师是××学校的王牌教师和杰出的代表。"一个人的成就，在于日积月累！一个人的成功，在于坚定执著"。自参加工作

第二章　庆生、祝寿
——日月长明，松柏长青

以来。××老师呕心沥血、辛勤耕耘。在他人生的年轮上画下了太多优美的散发着墨香的曲线。几十年来，他为社会培养了大批的优秀学子，为××学校作出了突出的贡献。

××老师是我们教师的楷模。如今，年届花甲的他仍默默坚守在一线，他的无私奉献和敬业精神，为自己的职业生涯涂上了浓墨重彩的一笔。他亲切的教诲，恰如清凌凌的泉水，在师生们心灵的河床里，潺潺流动。他的精神、他的品质、他的性格影响着身边所有的人。他是我们××人的骄傲，我们××人为有这样的好老师而感到自豪。

最后，我代表××学校全体师生再次向××老师表示深深的感谢，并祝福××老师福如东海，寿比南山！借此机会，我也代表××学校向辛勤奋战在教学第一线的全体教职员工致以最崇高的敬意，向勤奋好学、勇攀高峰的莘莘学子表示最亲切的慰问，祝大家身体健康、心想事成。

愿我们把这一美好的时光永远珍藏在自己的记忆里，谢谢！

古稀寿宴贺词

范文一：

某古稀老人寿宴上的嘉宾贺词

尊敬的各位领导、各位来宾，亲爱的同志们、朋友们：

大家晚上好！

今天，我们在这里一同为××同志庆祝70岁的寿辰。××同志一辈子兢兢业业，如今虽然已离开工作岗位，但是他良好的个人风范依旧影响着我们这些后生晚辈。在此，让我们首先向××同志献上最深切的敬意，祝他福如东海长流水、寿比南山不老松！

许多年来。××前辈坚守在自己的岗位上。带领着我们攻克了一个又一个技术上的难关。他的高瞻远瞩和睿智的眼光使我们单位做出了长远而科学的规划，使我们的业绩不断地再创新高。想起这许多年的奋斗历程，我们内心深处都充满了对××同志的深深敬仰和无限感激。他的工作热情和职业操守，一直是我们学习的榜样。

几年以前，我们单位的工作成效并不显著，业绩也一度跌入了低谷。我们所在的技术小组，面对一个个技术壁垒。一时间找不到任何出路。在这最为困难的时候，××同志作为一个优秀的领导和成功的带头人，教会了我们应该以创新的思维进行思考。只有创新才能前进，只有创新才有出路。而他永不服输的精神品质和令人崇敬的人格修养，带给了我们勇气，鼓舞着我们在困难面前奋勇向前。后来随着一道道技术壁垒的攻克，所有的问题迎刃而解。如今的我们，可以说是柳暗花明，迎来了建设和发展的又一春。我们无论如何也不会忘记，××前辈的谆谆教诲和以身作则，更忘不了我们共同奋战在第一线的那些日子。

历尽风雨经磨难，迎来夕阳霞满天。

道道福光无限好，鹤发悠然伴童颜。

在今天这个喜庆的时刻，让我们共同祝福××前辈生日快乐，希望他的晚年生活快乐、幸福安康！

百岁寿辰贺词

范文一：

某百岁老人寿辰上的嘉宾贺词

尊敬的各位来宾、各位朋友，女士们、先生们：

大家好！

今天是××年×月×日，我们在此欢聚，恭祝××老先生百岁大寿。

喜气绕宅生。瑞霭罩华堂。祥云笼烟树，华气飘山庄。

××老先生可谓阅尽人间世纪沧桑，饱览人间大小文章。老先生生性质朴，为人善良，居家贤孝皆称颂，处事公正共赞扬。一生勤劳务农事，精耕细作麦禾香。春耕夏耘，含辛茹苦，秋收冬藏，四季辛忙。勤俭持家，家道兴旺，邻里和睦，帮亲济友，功德无量，十里八乡赞慈祥。勤俭忠信，德高望重，克己奉公，干群赞颂。耕读传家孙辈个个成才，书香门第儿女人人争光。四里八邻，人人称赞老人厚道；千家万户，各个传诵老人善良。名闻洛孟，誉满嵩邙。邙山巍巍颂功德。洛水潺潺贺韶光。和睦家庭百事顺,善良老人福寿长。

喜今日××老先生百岁华诞。真是花甲又添四十岁月,古稀更添三十春光,南极星辉,光照寰宇,彭祖含笑,喜满华堂。自古道寿登期颐,喜称人瑞,年到百岁,松青鹤唱。

贤孙七人,各个贤孝,老人笑口常开;重孙成群,个个聪明,老人心情舒畅。吉星高照,五世同堂。真可喜蟠桃三千仙翁献果,百岁高龄,椿庭增光。

全家庆高寿喜在心间。笑上眉梢,亲友贺松龄;欢声笑语,亲情满山庄。

会当绝顶,一览众山,百岁妙淡清风正气浩。

天垂江月,万山朗雪,百岁梅花依然傲群芳。

来,让我们大家一起恭祝××老先生长寿健康,福祉无疆。青松不老,家运兴旺!

身份是生日贺词的关键

不同的身份,采用的贺词在词语、语气等上也有所不同。

领导生日祝酒辞,致辞人一定要注意自己的身份。如果是作为公司员工代表致辞的话,要注意措辞的恰当合理,一般用"您""我们",不要直呼领导名字;致辞主要表达对领导的祝福,一般写领导的卓越成绩或是他的高尚人格或是他的为人处世原则,总之表达的是赞扬和钦佩之情。如果是过生日的领导的上级致辞,应注意态度一定要谦虚,不要盛气凌人;内容表达的是对过生日的领导所作出贡献的感谢。主持人致辞则要用热情激昂的语言,调动起现场热烈的气氛,使领导和员工之间实现良好的互动。

致辞人开头要对参加宴会表示荣幸,并表达对领导生日的祝贺;主体主要叙述领导对公司员工在事业上和生活中的帮助,凸显领导敬业的精神和对员工无私的关怀,用真诚的语言表达对领导的钦佩;结尾是表达祝福。

而朋友生日祝酒辞同领导生日祝酒辞不同。朋友之间没有身份的悬殊,可以畅所欲言。尽情抒发自己的感情,表达对朋友的美好祝福。贺词开头部分要表达对朋友的祝福,渲染一种温馨、美满的气氛,为接下来的叙述奠定基础。主体部分表达朋友间的友谊,感情要真挚。

而领导对于下属的生日祝福要表现出领导对于下属的关爱之情,要对于下属平时的工作给予肯定和鼓励,贺词要激起下属的工作热情。

领导对于下属的生日贺词

范文一:

某领导在下属生日宴会上的贺词

亲爱的同事们、领导们:

你们好!

一份祝福,一份真诚,在这个特别的日子里,我代表公司全体同仁向××送上生日最最真挚的祝福,祝你生日快乐、家庭幸福!

愿你是清新的海风,鼓起白色的船帆;愿你是坚固的大船,剪开蓝色的波澜。生活的海在你前方微笑,望你乘风破浪,将彩色的人生拥抱,祝你聪明上进!公司的发展倾注了你和你家人的支持、奉献。感谢你的辛勤工作,在此向你表示衷心感谢!

愿我们在今后的工作中和谐、同心,共创美好的明天!

范文二:

某某公司员工生日庆典贺词

尊敬的各位来宾,××亲爱的伙伴们:

大家晚上好!在这秋高气爽、硕果累累的丰收季节,在这美丽

第二章 庆生、祝寿
——日月长明，松柏长青

的夜晚，在这欢聚的时刻，迎来我们公司××月份的员工生日。首先请允许我代表××公司的全体员工对大家的到来表示热烈的欢迎和衷心的感谢；同时要对××月份的寿星们表示深深的祝福。今天我们大家一起庆祝寿星们的生日，让我们点燃生日的蜡烛，唱起生日的赞歌，让寿星们在歌声中许下来年的愿望！并送上我们最美好的祝福！

让我们一起来分享生日的甜蜜和快乐，分享生命绽放的美丽！祝愿寿星们岁岁年年祥和平安，永远年轻，永远开心。并祝愿寿星们在事业和生活上一帆风顺，前景美好，好运连连！相信今晚我们大家的歌声和笑语，将伴随你们度过一个难忘的生日之夜！

今晚我们这里歌声阵阵、笑语片片，所有的祝福和问候，相信我们的寿星都收下了。是友情和关爱让我们相聚相济，一起度过这段难忘的时光；是××提供这样一个平台，让我们彼此相识相知，让我们记住这个快乐和充满温情的夜晚，让真挚的友情如高山流水般永远流淌在我们心田；让我们的友谊跟随着工作升华，让阳光灿烂的日子永远伴随我们生命的每一天！让我们再一次祝福寿星们在未来的岁月里，风调雨顺，岁岁平安！

员工对于领导的贺词

范文一：
××公司员工在领导生日宴会

尊敬的××总。亲爱的各位朋友：

大家晚上好！

今天能受邀参加××总××岁生日宴会，我深感荣幸。在此，请允许我代表公司全体员工并以我个人名义，向××总致以生日的美好祝福！

××总一直是我们员工的精神支柱和学习的榜样。您一直用实际行动感染着我们，让我们从您身上学到了积极做事、踏实做人的道理。让我们更加富有使命感，学会勇于承担责任。我们要以您为榜样，努力工作。不断前进。在生活上，您对每一名员工都非常关心，让远离家乡的我们感受到了家一般的温暖。您的真诚和热情，每一名员工都看在眼里，记在心里。

我们知道，今天的生日宴会，其实是您借宴会之机慰问大家的方式。我们钦佩您的智慧与美德，感动于您对员工的关爱。

在此，请大家举杯，祝××总生日快乐，身体健康，事业蒸蒸日上！干杯！

谢谢大家！

范文二：

领导生日贺词

各位朋友、各位来宾：

你们好！

今天是××女士的生日庆典，受邀参加这一盛会并受邀代表联谊会讲话，我深感荣幸。在此，请允许我代表××并以我个人的名义，向××女士致以最衷心的祝福！

××女士是我们××的重要领导核心之一。她对本会的无私奉献我们已有目共睹，她主持大型聚会的靓丽风采亦令人折服，她那份"有了小家不忘大家"的真诚与热情，更是多次打动过我们的心弦。在此，请允许我代表联谊会并以我个人的名义，对××女士致以最真诚的感谢！

"一个人的成就，在于日积月累；一个人的成功，在于坚韧不拔"。时光飞逝，世纪交替，当年的老九，而今日的她，无论在事业上还是精神状态上，仍风采依旧，在同龄人中仍是当之无愧的佼佼者。换言之，她对事业的执着令同龄人为之感叹，她的事业有成更令同龄人为之骄傲。在此，我们祝愿她的心态与她的容颜一样，青春长在，永远年轻！更希望看到她在步入金秋之后，仍将傲霜斗雪，流香溢彩！

人海沧茫，我们只是沧海一粟，由陌路而朋友，由相遇而相知，谁说这不是缘份？路漫漫，岁悠悠，世上不可能还有什么比这更珍贵。我真诚地希望我们能永远守住这份珍贵。

在此，请大家举杯，让我们共同为××女士的五十华诞而干杯!

谢谢大家!

朋友生日贺词

范文一:

主人在生日宴会的贺词

各位朋友:

感谢你们在百忙之中抽出时间为我庆祝生日。此时此刻,我激动的心情无法言表。

人生得一知己足矣,而我却有你们这么多朋友陪伴,真是无比的幸福与幸运。你们在我颓废的时候给我打气,让我振作;你们在我失意的时候给我鼓励,让我重获信心;你们在我迷茫的时候帮我明确目标,指明方向;你们在我成功的时候告诫我戒骄戒躁,常怀谦虚和感恩之心;你们在我孤独的时候陪伴我左右,让我明白,我并不是在孤军作战。虽然我们大家分散在祖国的各个角落,但是我们的心是连在一起的。

茫茫人海中,我们能够相识相知,是一种多么奇妙的缘分。我会倍加珍惜这份情谊。亲爱的朋友们,再次感谢你们的到来,感谢你们对我多年来的帮助,感谢你们对我的祝福。

最后,我祝愿所有的朋友身体健康,生活美满,干杯!

范文二:

××在朋友生日宴会一

亲爱的朋友们:

大家晚上好!

今天是我们的发小、铁磁、哥们兼损友××的生日,借此机会,我们许多多年未见的朋友从祖国各地赶来,相聚在此,带着喜悦的心情,重拾那段美好的回忆。

有朋友的人是幸福的,更是幸运的。朋友给我们面对困难的勇气,朋友给我们战胜挫折的力量,朋友让我们有释放压力的途径,让我们有分享幸福的空间。朋友就像阳光，在寒冬中带给我们温暖；朋友又像启明星，在黑暗中为我们指引方向。因为有朋友，我们不会孤单；同为有朋友，我们的生活更加丰富多彩。

来吧，朋友们，让我们端起芬芳醉人的美酒，为我们的最佳损友祝福！祝他身体日日壮，事业步步高，快乐天天有！同时为我们友谊的天长地久，干杯！

范文三：

朋友生日宴会上的贺词二

尊敬的各位来宾，各位朋友：

大家晚上好！

今天是××先生的生日庆典，我有幸参加这一盛会并讲话，深感荣幸。在此，请允许我代表××并以我个人的名义，向××先生致以最衷心的祝福！并向各位的到来表示衷心的感谢！

从××月××日起，××先生就迈入××岁的行列。如今的他，与20岁相比，少了几分咄咄逼人的气势，多了几分稳重，但接连不断的得失过后，换来的是他坚定自信、处变不惊和一颗宽容忍耐的心。××岁，这是人生的一个阶段，也是××先生事业上升的最佳时期，我希望××抓住机遇，奋勇向前！作为朋友我会一直默默地支持你，帮助你！

竞争的时代，事业成败关键在人。××先生就是凭借奋斗拼搏的韧劲，凭着一分耕耘，一分收获的信念，从点点滴滴的事情做起，最终由普通职员晋升为现在××公司的重要领导核心之一。××先生对工作执著追求的精神令人敬佩，他的年轻有为、事业有成更令人惊羡。在此，我们共同祝愿他永远拥有旺盛的精力，事业再创高峰！

人海茫茫，我和××只是沧海一粟，由陌路到朋友，由相遇到相知，这难道不是缘分吗？现在，掐指算来，我们已经有××年的交情。路漫漫，岁悠悠，世上不可能有什么比这更珍贵。我真诚地希望我们能永远守住这份珍贵的友谊，愿我给你带去的是快乐，带走的是烦恼，愿我们的友谊天长地久！

第二章 庆生、祝寿
——日月长明，松柏长青

朋友们！让我们一起祝愿××先生生日快乐，愿他在新的一年里，事业平步青云，身体健康，生活日新月异！

贺词佳句赏析

◆愿您在这只属于您的日子里能幸福地享受一下轻松，弥补您这一年的辛劳。但愿我给予您的祝福是最新鲜最令您百读不厌的，祝福您生日快乐。开心快活！

◆在这个充满喜悦的日子里，我衷心祝愿您青春长存，我愿将一份宁静和喜悦，悄悄带给您，生日快乐！

◆对于我们来说，最大的幸福莫过于有理解自己的父母。我得到了这种幸福，并从未失去过。在您的生日，我要向您说一声：谢谢！祝您生日快乐！

◆您用优美的年轮，编成一册册散发油墨清香的日历，年年我都会在日历的这一天上，用深情的想念，祝福您的生日！

◆在生日到来的今天，愿所有的欢乐和喜悦，不断涌向您的窗前，愿我亲爱的妈妈。在特别的日子里特别快乐！

◆爸爸，在这特殊的日子里，所有的祝福都带着我们的爱，拥挤在您的酒杯里，红红的，深深的，直到心底。梦境会褪色，繁花也会凋零，但您曾拥有过的。将伴您永存。生日快乐！

◆酒越久越醇，朋友相交越久越真；水越流越清，世间沧桑越流越淡。祝生日快乐，时时好心情！

◆两片绿叶，饱含着同根生的情谊；一句贺词，浓缩了我对你的祝福。愿快乐拥抱你，在这属于你的特别的一天，生日快乐！

◆青春的树越长越葱茏，生命的花越开越艳丽。在你生日这一天，请接受我对你深深的祝福，愿你充满活力，青春常在！

◆君颂南山是说南山春不老,我倾北海希如北海量尤深。最后还是让我们献上最衷心的祝愿,祝福老人家生活之树常绿,生命之水长流,寿诞陕乐,春辉永绽!

◆飞声笑语,促膝儿女子孙。把盏衷肠,祝酒亲朋字字香。年逾稀有,庆典之情浓于酒。温馨祝福,烂漫欢歌满户庭。让我们齐心协力,全家上台合唱《吉星高照》歌:

欢乐的节日,吉庆的良宵,亲人们团聚,万家在欢笑,除夕的夜晚默默祈祷,一年的日子,吉星高照。

吉星高照吉星高照,孩子们欢欢乐乐蹦蹦跳跳,吉星高照,吉星高照,老人们健健康康长寿不老。

◆青春的树越长越葱茏,生命的花越开越艳丽。在你生日这一天,请接受我对你深深的祝福,愿你充满活力,青春常在!

◆君颂南山是说南山春不老,我倾北海希如北海量尤深。最后还是让我们献上最衷心的祝愿,祝福老人家生活之树常绿,生命之水长流,寿诞陕乐,春辉永绽!

◆飞声笑语,促膝儿女子孙。把盏衷肠,祝酒亲朋字字香。年逾稀有,庆典之情浓于酒。温馨祝福,烂漫欢歌满户庭。让我们齐心协力,全家上台合唱《吉星高照》歌:

欢乐的节日,吉庆的良宵,亲人们团聚,万家在欢笑,除夕的夜晚默默祈祷,一年的日子,吉星高照。

吉星高照吉星高照,孩子们欢欢乐乐蹦蹦跳跳,吉星高照,吉星高照,老人们健健康康长寿不老。

第三章　新居、乔迁

——出自幽谷，行于乔木

搬家是件吉庆事，中国人历来有"择吉搬迁"的习惯，并把搬家誉为"乔迁"。"乔迁"这个词来自《诗经小雅·伐木》："伐木丁丁，鸟鸣嘤嘤，出自幽谷，迁于乔木。"我们乔迁之喜有很多习俗，各个民族之间的习俗也有不同，但是客人都要对主人表示恭贺。

乔迁之喜

　　搬家是件吉庆事，中国人历来有"择吉搬迁"的习惯，并把搬家誉为"乔迁"。"乔迁"这个词来自《诗经小雅·伐木》："伐木丁丁，鸟鸣嘤嘤，出自幽谷，迁于乔木。"乔木，即高大的树木。乔迁，鸟儿飞离深谷，迁到高大的树木上去，就是说从阴暗狭窄的山谷之底，忽然跃升到大树之顶，得以饱览明媚宽敞的天地。这的确是件令人心花怒放的快事，亲友也为之高兴、祝贺。

　　后人遂以"乔迁"贺人迁居，或官职上升，并称为"乔迁之喜"。唐朝诗人张籍《赠殷山人》诗曰："满堂虚左待，众目望乔迁。"

　　我们乔迁之喜有很多习俗，各个民族之间的习俗也有不同，但是客人都要对主人表示恭贺。

　　乔迁新居历来都被视为一件大事。以前新房落成或迁入新居。主人都要热情邀请亲戚朋友前来认识新家门，亲友、邻居携带礼品前去庆贺，主人设宴款待来贺者，这个习俗称为"温锅"。温锅习俗在民间由来已久，旧时普通人家多不富裕，盖完新房后，常常会出现经济拮据的状况，来"温锅"的亲朋好友、街坊邻居纷纷送来些食物、礼品。添置些家庭用具，以帮助他们度过困境。同时，这种习俗还能增进亲朋感情。促进邻里之间和睦相处。使迁居者尽快适应新的环境。

　　现在，生活水平提高了，"温锅"的实际意义已经不复存在，但是主人仍会宴请宾客，庆祝乔迁之喜，"温锅"的地点也不一定在新居里，越来越多的家庭选择在酒店举办。

第三章　新居、乔迁
——出自幽谷，行于乔木

乔迁又指川东、湘西、鄂西的土家族村寨新屋落成后的民俗庆宴，因其间有搬迁三角架，请祖先火塘神等仪式，故而得名。其做法是：在鸡鸣之际，路上无人时，由火把引路，迅即将火塘上的三角架（据说此乃祖先神的头角）搬进新屋，准确安位，再搬其他物件。接着亲友乡邻鸣放鞭炮，送礼祝贺，举行点火仪式。待火焰腾空，主人忙用鼎罐饮饭做菜，众人围着火塘四言八句念诵祝词，饮酒吃肉。祝词的内容，可追溯火塘源流，颂扬神功；可讲述主人家世，赞美新居吉祥千秋；可祝贺主人从此富贵荣华，儿孙满堂。如"十杯酒，祝主东，火塘烈焰满屋红；福禄寿喜样样有，光宗耀祖永昌隆"之类。

在莆田，每逢新盖的房屋落成或喜迁新居，俗称"过厝"。莆田民间对"过厝"十分重视，其礼俗也非常隆重，以示庆贺。

新房建好后，林兽场便为"过厝"选好了吉利的日子。"过厝"前一天，林兽场就在新厝大门前挂上一对印有"林"字的大红灯笼，并在每个门、窗贴上对联，在大门楣上挂一个用麻袋装的新米筛，内装龙眼干、花生、红枣、十二金元宝（纸制）等。据了解，挂米筛麻袋，表示布下天罗地网，可驱鬼辟邪，保平安之意；挂其他物品，寓意添丁进财。

"过厝"的日子，一家人及亲戚都聚到老房子里，主人点起灶火，亲戚们也一起忙活着，俗称"请灶公"，祈求日后全家平安好运。起完灶火，简单地举行一个仪式，一群人就从老房子出发。走在队伍最前面的主人一人手捧香炉，另一人手拿新扫帚和畚斗，扫帚要一路拖着走，到新房门口时，用扫帚从门外朝门内扫去，意在把老房子的福气、财气扫起来一起带到新居；主人的儿子则手拿杆秤、算盘、笔和簿，俗称"收租"，寓意财源滚滚来。亲戚中，有人挑一担谷箩，内盛米、稻谷、地瓜、芋头、豆腐等，象征五谷丰登；有人挑一担水桶，水中盛放有硬币、花生、红枣、龙眼干等，俗称"进财水"，表示财如水涨；有人提竹篮一个，内置放一只烘炉，上放一个瓷罐，内盛煮熟的线面和米饭，烘炉内点燃木炭，以示一家红红火火；有人滚大"笠盂"。朝新房方向一路推着轮进。

当挑谷箩和水桶的人到新房门口时，早候在房内的家人，立即从房里向外抛撒盐米，表示驱邪；招财人则向房内抛硬币，口喊："进财啰，进财啰！"

此时，亲戚们也挑着"盘担"赶来庆贺，"盘担"是亲人把线面、米粉、花生、红枣、发糕、红米团、豆腐皮、布、红蜡烛、鞭炮、红灯等礼物装入礼盘，套上红袋子。来到新房后，把这些礼品都摆在厅堂供桌上，供桌上还放有墨斗、鲁班尺、茶、酒等，以谢天地，祭祀祖先。此外，相处友好的邻居们也送灯笼和红包前来祝贺。

晚上，主人设宴谢客，俗称"过厝酒"。酒席一般有12道菜，表示一年12个月，月月美满。菜肴中一定有虾，意为一家和气；有鱼，表示年年有余；有汤圆，寓意团团圆圆，甜甜蜜蜜。但菜肴内不能用醋调味，因莆田方言中醋与"厝"谐音，吃醋即吃"厝"，因此禁忌。

而客家人做了新屋，迁往新居叫"新屋进伙""搬新屋"或"落新屋"。是件喜庆事。在迁往新居前，一般要对新居举行"出煞"这一礼俗。客家人认为，新屋不出煞，会有灾煞作祟，住了不安宁。要请地理师驱赶"三煞"之后，才会平安吉利。

在"乔迁"习俗中，客家人遵循的主要有：择吉而迁。即"落新屋"绝大多数都要选择吉日吉时进行。早上吉时请本族有名望而又多子多孙的年老叔公叔婆"开大门"，男左女右，站于门内，新居门前，大门顶挂一条大红布，称之为"门红"，门侧贴红联，还要挂大红灯笼，张灯结彩。地理先生、做屋师傅守候其中，大门关着。及至"落新屋"的队伍到达新居门前，正是选定的吉日吉时。于是，叔公叔婆把大门打开，大放鞭炮，朗声念诵"华堂吉庆！玉室生辉！房房富贵！世代昌辉！财丁兴旺！人才辈出！"一类的祝颂词。主家即掌灯入门。家具随进。

迁居还十分注重象征性的举动。迁居这一天凌晨一时左右，在正屋厅堂放大桌一张，桌上放三个大米斗，盛白米一斗、干谷二斗，米斗置中心，地理师放罗盘于米斗上，泥水匠放泥刀一把、五尺一把于左谷斗，木匠放曲尺和墨斗于右谷斗。米、谷斗上面各放大红包一个。红包大小，由主家自定，或事先确定。厅堂正中放八

第三章 新居、乔迁
——出自幽谷，行于乔木

仙桌数张，摆到大门前，桌上用白棉布盖住，直铺到门口。地理师头包红巾，身穿素衣，左手执大雄鸡一只，右手握七星宝剑，口中念念有词，将鸡血洒于白布上，直出大门，把鸡丢在大门外，同时泥水匠、木匠用红木棒大力打布，齐出大门，随即爆竹声、锣鼓声，大闹助威。送出大门外。主家一般要先买好一副新厨具，包括锅、铲、刀、碗、筷以及日常用的箩筐米筛和两盏煤油灯等用具，进入新屋后，在选定时刻，从原居屋灶内挟起几块已燃的木炭放进新买的锅内，称之为"旺种"（绝不能叫"火种"，因为"火"与"祸"同音），其他用具，由家人分别担着，由最尊贵的家长（曾祖在由曾祖，余类推）率领，列队向新居进发。其中，凡小孩特别是男孩，每个都要手拿"文房四宝"，或捧书籍，或托算盘，或捎纸笔一类的物件，跟随家长前行，其余再簇拥其后前进。正式进入新居后，两盏煤油灯被摆在正堂或客厅，加油点亮，谓之"添灯兴旺"（绝不能说"点火"）。挑来的厨具，一律摆入新屋厨房，并从新锅内挟起燃炭放进新灶引燃"兴旺"。开始新居的第一次烹饪。

中午设宴庆贺，由本族长辈或请地理师坐首席，开席长辈、师傅要说好话，以后大家开宴，尽欢而散。有些富裕的家庭还请木偶戏演戏，请乐队吹唱助兴。此后，新居主便开始迎接前来道贺的宾客，并开席宴饮，尽欢而休。

此外，乔迁食礼在少数民族地区还有"拥担达"（哈尼族）、"竹楼酒"（傣族）等称谓，大多与崇拜火神、祖灵有关，带有原始宗教礼俗的遗风。

乔迁贺词特点

乔迁之喜，主人大多邀请单位领导、亲朋好友等前来参加，以

共同庆祝。通常来说,酒宴主要包含两方面内容:

主人贺词

千言万语尽在祝福中,主人可以借此次贺词机会向各位宾朋表达自己的谢意,感谢大家一直以来对自己的关心与帮助,并希望众人能同自己一起分享此时此刻的幸福与陕乐。

宾客贺词

宾客首先对主人的盛情款待表示感谢;其次是对主人的乔迁之喜表示祝贺。祝贺时要多用称赞的语言,比如颂扬乔迁之家地势佳妙、房屋宽敞、装饰有品位、家人和睦,以及生活美满等。需要注意的是,在说祝福语时一定要结合人物、季节、职业等特点加以描述,丰富祝语内容,但要牢记的是不能说大话、空话和套话,更不能生搬硬套,照书抄袭,不符合场合,那样非但不能表示你的祝福之意,还可能离间你们之间的关系,得不偿失,所以一定要用心思考,合理用词。

乔迁送礼原则

乔迁新居和新店开张,历来都被视为一件大事。在乔迁之时和庆典之初,亲朋好友及相关的人们都要送去礼物表示祝贺。

庆贺迁居的宴会一般由搬迁者举办,其他人也可以举办以表示欢迎。如果搬迁时未举办宴会,那么您首次踏进主人的新居时,习惯上须为主人带一件礼物。露天宴会、鸡尾酒会或为了展示新居设计而举行的宴会则不要求送礼。

选择庆祝乔迁的礼物应考虑下列因素:是迁进大房子还是小房

第三章　新居、乔迁
——出自幽谷，行于乔木

子，是新的还是旧的房屋，主人是不是刚刚搬入新区，这是不是主人的第一个家，等等。针对不同的情况要选择不同的礼品相送。

当新邻居搬迁到此，您作为老住户，对他们的到来应送上小礼物表示欢迎，让新朋友感到邻里和睦，为以后相处融洽打下基础。

开张即是大小企业、商店的初建成立，也可是一件事情的筹划展开、人生之新路的开始等。生意、商店的开张，需要有所庆贺，以求大吉大利、一帆风顺，或是预祝生意成功。

乔迁送礼自古至今形成了一定规范，所以在送礼时要注意约定俗成的习惯。主要应遵循以下原则：

送热闹——乔迁一般场面较大，越热闹越能衬托喜庆气氛。所送礼物以具有装饰性为宜。

送吉祥——搬迁新居都要图个吉祥，选择日子都不例外，何况送礼。礼物要有吉祥的含义，才能让主人满意。

送财源——迁入新居，谁都希望家畜兴旺、年年有余，所送礼物能表达送去财源的祝愿，当然是好的礼物。

如果乔迁的喜宴是在酒店举办的，则不宜当天送礼物；如果是在新居举办的，则可以考虑以下礼物：

◆当天预先送花，这些花就能在就餐时摆在客厅或餐桌上。

◆带一两瓶葡萄酒或一瓶香槟酒。

◆任何食品都会深受主人喜爱。特别是冷冻食品或火腿、烧鸡、烤牛肉、蛋糕、水果等。

◆厨房配件。

◆大号餐布，上面绣上主人的名字。

◆漂亮的文具，例如钢笔、便笺、笔筒等。

◆给主人孩子的礼物。

◆其他可送的东西：磨刀器、蜡烛、门前踏步垫、花园用具、剪刀、伞架、野餐用具、茶具、门铃、浴室用品、枕头、烹饪书籍或为主人订阅室内装潢杂志等。

在选购礼物之前，应事先了解一下主人的爱好和需要，使礼物能使主人喜爱而又适用，不致成为累赘。礼物一般应早一些时候送到，以便让主人及时布置到新居里。然而，有些人得知亲友的新居落成或者乔迁之喜,但因相距太远或其他原因而不能前去新居祝贺,一般会用贺函表达祝贺之意。贺函可长可短,不必拘泥于形式,要闻讯即发,以免错过时日。

亲友搬迁,送花意在安稳、吉祥,能表达祝愿的花篮花束很多,如剑兰、玫瑰、盆栽、盆景,都可表示隆重之意。花篮花束可选用的花材还有鸢尾、小苍兰、天门冬、康乃馨、火鹤、落新妇、百合、满天星。如果要送适合阳台种养的盆花,最好是多年生花卉,这样就可以一年年地长开不败了。

送给有花园的朋友

朋友的房子若在底层,有一个小小的花园。不妨送一些草本花的花籽。在撒下花籽的同时,也播种下了深深的友谊和美好的祝福。长春花、紫茉莉、雏菊、雁来红、太阳花、一串红,虽然都是些一年生的草本花,但花落收籽,到来年春天可种下新的希望。

送给大客厅的朋友

朋友家的客厅宽敞透亮,不妨送一些大型观叶植物,四季常绿,生机勃勃。诸如巴西木、散尾葵、发财树、酒瓶兰、美洲铁等,都是极佳的选择。

企事业单位乔迁贺词

企事业单位乔迁典礼上通常有两类贺词,一类是本单位领导致贺词,另一类是外单位或者市、区领导致贺词。

本单位领导致贺词,首先要对光临典礼的嘉宾们表示感谢,感谢他们的到来,以及在以往工作中对本单位的支持;接着可以简单回顾一下乔迁工作的历程、展望美好的未来,并向社会各界表达本单位在新的环境中,更加努力工作的决心;最后恳请嘉宾一如既往地支持本单位的工作,并对嘉宾致以美好的祝愿。

外单位或者市、区领导致贺词,要着重表达恭贺之意,一是恭贺乔迁之喜,二是预祝乔迁单位在今后取得更加优异的成绩。在恭贺的同时,也要对乔迁单位以往的成绩作出肯定,并对未来提出希望。总之,在乔迁庆典上,要思甜为主,忆苦辅之,鼓舞为主,切忌说教,要营造喜庆的气氛。

事业单位乔迁

范文一:

邮政支局局长在邮政营业厅乔迁典礼上致贺词

尊敬的各位领导、各位来宾、同志们、朋友们:

在这蓝天高远、硕果累累的丰收季节,我们迎来了期盼已久的大喜事——××邮政营业厅乔迁庆典。首先,我代表××邮政支局,向百忙之中抽空莅临今天庆典的各位领导表示热烈的欢迎!向鼎力支持邮政事业的有关单位和社会各界人士表示衷心的感谢!

在各级领导的关心关怀下,尽管条件艰苦、资金紧张,但我们全局职工团结一致,发扬自力更生、艰苦奋斗的精神,克服了重重困难,排除了种种障碍,顺利完成了乔迁工作。

今天,我们新的邮政营业厅正式启用了,在这座设施完善、功能齐全的营业厅里工作,条件有了极大的改善。但我们始终不能忘记,上级部门努力改善工作条件,目的是让我们提高工作效率,更好地为群众服务。"泰山不让土壤,故能成其大;河海不择细流,故能就其深。"我们要始终牢记为人民服务的宗旨,全心全意为人民服务,尽心尽责为人民服务。全体职工要从小事做起,从细节做起,从我做起,更加诚心诚意地为群众办实事、解难事、做好事。

同志们,让我们乘着乔迁新起的东风,在新的起点上,以新的风貌、新的姿态、新的作风,协力同心、与时俱进、奋发进取,努力开创邮政工作的新局而。

谢谢大家。

范文二：

副区长在幼儿园乔迁仪式上致贺词

各位来宾、各位老师、小朋友们、同志们：

很高兴有机会参加××幼儿园的乔迁仪式和"六一"儿童节庆祝大会，首先我代表区委、区政府，向××幼儿园乔迁新址，表示热烈的祝贺，并借此机会，向幼儿园的小朋友们致以热烈的节日祝贺，祝小朋友们天天快乐，健康成长。

刚才参观××幼儿园，我受到了很大的震撼。××幼儿园能投入三四十万元购置大量先进的教育、活动器材，不惜高薪聘请高水平的幼儿教师，学习运用大城市幼儿园管理运作模式，这在全区是第一个、是首创。应当说，××党委用自己模范的行动，在我们××区幼儿教育发展史上，写下了相当浓墨重彩的一笔。在此，我向××党委书记和其他领导，表示崇高的敬意。

国家兴旺，教育先行，评价一个国家、一个地区的先进程度、文明程度，最重要的一条标准是看其是不是重视教育、是不是真心实意地支持教育、兴办教育。今天来到××，扑面而来的是浓厚的文化气息，一个地区能够这样重视教育，能投入大量财力兴办教育，仅从这一点上，就可以看出××的明天一定会更加美好。

新世纪里，国家与国家之间、地区与地区之间的竞争不断加剧，经济竞争、科技竞争、军事竞争、文化竞争等各种竞争越来越激烈，但归根结底，所有竞争的中心还是人才的竞争，人才竞争的中心又是教育的竞争。要办好教育，政府部门首先要负起责任，但仅靠政府就想办好教育，也是纸上谈兵，办好教育要靠全社会的共同关心、共同支持。真心希望全区党员干部、全区各界人士都能像××的干部一样，全力以赴地关注教育、关心教育，都能尽自己的能力去支持教育事业的发展。只有在全区形成浓厚的尊师重教风气，才能为我们全区跨越式发展不断提供新的动力、储备充足的后劲，我们××区的明天才会大有希望，才有可能创造新的辉煌。

最后，在此衷心祝愿××幼儿园越办越好，也祝各位来宾、同

第三章 新居、乔迁
——出自幽谷，行于乔木

志们能像这些天真烂漫的孩子一样，天天有个好心情，永远有个好身体。

谢谢大家。

企业单位乔迁

范文一：

公司领导在公司乔迁新址的典礼上致贺词

各位员工、各位朋友：

大家好！

今天，是公司全体同仁值得纪念和庆贺的日子，经过积极努力，××公司今天正式乔迁新址。值此喜庆之际，我谨代表××公司对各位新老员工表示热烈的欢迎与感谢，向所有关心、支持公司成长和发展的各界人士表示衷心感谢，同时向公司乔迁新址表示热烈祝贺！

××公司成立于××年，从最初开始制造经营××，到专营××，已走过了××年岁月。公司成立初期经营的产品并不固定，质量也一般，客户群少，为此公司一方面加强内部管理，一方面积极探索研发，投入人力物力研究新技术，提高产品质量，一步一个脚印扎扎实实地走来了。俗话说：万事开头难。公司能够成就今天的规模，提高产品质量是关键。而要提高产品质量，首先要提高员工素质，员工要有一颗爱岗敬业的心，要有一定的技术素质与操作技能。我想，在这方面咱们的员工做得很好，你们以公司为家，抛弃家庭琐事，加班加点，勤奋工作，你们注重产品质量，认真细致，专心操作。但是，我们应该看到，随着市场竞争日趋激烈，客户对新产品的需求不断增加，对产品的质量日益挑剔，我们有必要进一步研发新产品，有必要对产品进行改良与优化，尤其是在容易出现质量问题的地方，要进行调整与改进，大幅度提高产品的质量，这样才能使得我的产品在市场中更具竞争优势，这就要求大家要努力提高自身素质。新老员工要互相交流，新员工应多向老员工请教，老员工应不吝赐教，"质量是企业的第一生命力"，各位员工应牢记这点。

　　以人为本，是企业远航的风帆，也只有以人为本，企业才能走得更远，更稳。企业的发展离不开员工，员工才是企业真正的主人。在全公司上下要形成和谐的人际关系，工人之间要坦诚交流，互相关心帮助，公司管理层要关心每一个员工的工作、生活，对困难员工进行帮扶。你们的每一份勤劳、质朴、真诚都体现在公司的发展之路中，你们的每一点疾苦我会铭记在心。在公司财力允许的情况下我会竭尽所能帮忙解决。今天我们已经做到了最重要的第一点，就是公司乔迁新址，从此以后，大家再也不用走那条昏暗、狭窄的乡村小路了。你们将在这宽敞明亮、交通便利的新公司安心上班工作了，紧接着我们还要建员工宿舍楼、办公大楼，增加娱乐设施；我们将共同工作、生活，员工与员工之间要形成融洽和谐的关系，公司与员工之间要形成一种关心与激励并存的关系。说白了。就是要以人为本，通力合作。一方面要充分调动员工的积极性、创造性，要评"优秀员工"，另一方面，要避免员工产生抵触情绪，要扶危济困，关心职工疾苦，把工人的前途和公司的命运更紧密地联系在一起。今天大家以公司为家，明天公司以大家为荣。

　　××公司成立于××年代初期，壮大于世纪千年之际，为我县（市）的经济发展和社会稳定作出了不少的贡献，一是为人们提供了就业机会，二是增加了地方税收。这些成绩的取得得益于公司全体员工付出的精力与汗水，也受惠于社会各界的关心与厚爱，在此我再次向帮助、支持我们公司的员工与各界朋友表示衷心的感谢，并希望得到大家一如既往的关注和支持，当然，我们也会一如既往地努力工作，创造财富，回报社会。

　　我相信，在公司领导的正确带领下，在地方各级政府和社会各界的支持下，在全体员工的共同努力下，开拓创新，扎实工作，我们一定能抓住机遇，迎接挑战，取得新的业绩，创造更大的辉煌！愿××公司和大家一起迎接更加灿烂辉煌的明天！

　　谢谢大家。

范文二：
受邀嘉宾在民营公司办公楼乔迁仪式上致贺词

各位来宾、××村的父老乡亲们：

大家好！

值此××公司新办公楼启用暨××先生乔迁新居大喜之日，本人有幸受邀参加典礼，备感荣幸！

××先生是××镇的优秀民营企业家，几年来紧跟时代潮流，励精图治、锐意进取，使××公司取得了骄人的业绩，带领一大批乡亲走上了共同致富的道路，并成为全镇的纳税大户，为全镇经济发展作出了突出的贡献！

今天，××公司办公大楼的落成，是××公司一件可喜可贺的大事，它凝聚了××先生和公司同仁辛勤劳动、奋勇拼搏、开拓进取的精神。公司办公大楼的落成，是一种信心、实力的标志，它见证着××先生在事业上的成就，也标志着××公司企业形象的全面提升。

党的十六大明确了民营经济是社会主义市场经济的重要组成部分。提出了"两个毫不动摇"，提出要鼓励、支持和引导非公有制经济的发展。党的十七大又提出了推进公平准入，改善融资条件，破除体制障碍，促进个体、私营经济和中小企业发展的新要求。可以说。党的政策是"阳光普照"，"海阔凭鱼跃、天高任鸟飞"，像××先生这样的民营企业家完全可以放开手脚，大展宏图！

金鸡报晓，×年必将是××公司展翅腾飞的一年！

最后，我代表全体来宾，祝福××先生全家和××公司一帆风顺、二龙腾飞、三羊开泰、四季平安、五福临门、六六大顺、七星高照、八方来财、九九同心、十全十美！祝各位来宾和父老乡亲财运亨通，四季康宁！

家庭乔迁贺词

在家庭乔迁庆典上，无论是主人致辞，还是来宾致贺词，都要牢牢把握轻松、幽默的原则。家庭乔迁庆典通常邀请的都是主人的亲朋好友，大家既是为乔迁之喜而欢聚，也是为亲情、友情而欢聚，所以致辞者要用诙谐的讲话营造其乐融融的气氛，切莫使得发言生硬、无味。

比如，一位主人在乔迁庆典上这样说："说句心里话，拥有一套称心如意的房子一直是我们全家人最大的愿望，如今，在各方面的大力支持下，我们终于如愿以偿，实现了这一梦想，此时此刻我们的心情，用宋丹丹的一句话来说——那是'相当'的激动。最后。请允许我再引用范伟的一句经典台词：谢谢啊，缘分哪！"这里套用两句流行的小品台词，引得众人捧腹，使聚会气氛达到了高潮。

作为来宾，致贺词不要忘了对主人的新居赞扬一番，有句话说得好："在人世间所能听到的最动人的歌，就是从我们的嘴里发出的赞美的话语。"

有的家庭喜迁新居，选择在酒店办宴席，也有的家庭喜欢把亲朋好友请到家中来吃顿家宴。如果到别人新家做客，需要遵守以下礼仪：

1. 不可以比邀请函上标明的时间早到或晚到15分钟。
2. 抵达别人家里的时候，应该只按一次门铃。
3. 如果是别人为你开门，你应该进门后等待主人的迎接。
4 向男主人或者女主人赠送礼物，并以言语或者行动对你被邀请表示感谢。

5. 在主人和其他宾客面前要表现出友好而真诚的态度。

6. 进行简短交谈，但应该表现得随和且善于倾听。男士一般可以谈论工作和体育赛事。女士如果有工作的话可以谈论工作，还可以谈论一些有关时尚或者其他女士感兴趣的话题，应该恭维其他女士。

7. 男士在女士主动伸手之前不可主动与女士握手。

主人贺词

范文一：

男主人在喜庆乔迁的家宴上致贺词

女士们、先生们：

晚上好！

首先，我要代表我的家人，对各位的光临表示由衷的感谢！谢谢你们。

俗话说，人逢喜事精神爽。本人目前就沉浸在这乔迁之喜中。

以前，由于身处陋室，实在是不敢言酒，更不敢邀朋友畅饮。因那寒舍太寒酸了，怕朋友们误解主人待客不诚；那陋室太简陋了，真怕委屈了尊贵的嘉宾。

今天不同了，因为今天我已经有了一个能真正称得上是"家"的家了。这个家虽然谈不上富丽堂皇，但它不失恬静、明亮，而且不失舒适与温馨。更重要的是，这个家洋溢着爱！有了这样一个恬静、明亮、舒适、温馨的家，能不高兴吗，心情能不舒畅吗？

所以，我特意备下这席美酒，就是要把我乔迁的喜气与大家分享，更要借这席美酒为同事、朋友对我乔迁的祝贺表示最真诚的谢意，还要借这席美酒，祝各位生活美满、工作顺利、前程似锦！

在这个吉祥的日子里我提议，请大家斟满酒，举起杯。

为了我们每一位嘉宾都有一个温馨而又浪漫的家，

为了我们的明天更美好，

为了我们的祖国繁荣昌盛——干杯！

嘉宾贺词

范文一：

乔迁酒宴上单位领导的贺词

尊敬的各位来宾，女士们、先生们：

大家上午好！

莺迁乔木，燕舞春风，福临喜地，春满华堂。成熟伴随着喜悦，收获带来了吉祥！在这喜庆的日子里，我们欢聚在此，共同庆祝××先生与××女士喜迁新居。首先，请允许我代表各位来宾恭祝他们乔迁之喜！

××先生和××女士，在工作上拼搏进取，积极向上。在生活上兢兢业业，勤俭持家，小日子过得红红火火，令人羡慕和尊敬。今天，他们拥有一个宽敞明亮、美丽舒适的家。这与他们自身的努力和在座各位的大力支持是分不开的。他们委托我对各位的支持和帮助表示衷心的感谢！

人逢喜事精神爽，喜迁新居的二位，看到有这么多来宾捧场祝贺，喜在心里，笑在脸上，乐得嘴都合不拢了。千言万语，万语千言，汇成一句话，谢谢！

朋友们，让我们祝贺××夫妇乔迁之喜，德邻新卜莺花胜，佳境新迁燕贺多。再与新邻结挚友，乔木春深福临门。同时祝各位来宾身体健康，工作顺利，万事如意，前程似锦！

谢谢大家！

范文二：

某嘉宾在乔迁喜宴上的贺词

各位来宾、女士们、先生们：

大家中午好！

今天的××大酒店，流光溢彩，喜气盈门。承蒙各位同仁的厚爱，我们××女士全家迎来了他（她）们人生的美好时刻。

乔迁新居迎宾朋，憧憬未来展宏图，居室纳百川，厅堂进人

第三章　新居、乔迁
——出自幽谷，行于乔木

杰。幽雅宜人的明珠花园，喇叭声声，鞭炮齐鸣，小桥流水，添进幸福美满人家，真是新新新来处处新，喜喜喜来人更喜。首先，让我代表我们今天的东道主——××全家对各位朋友的大驾光临表示最热烈地欢迎！

乔迁新居，欢天喜地，张灯结彩，大家看：郎君只是抿嘴笑，女儿天真乐呵呵，女郎心中美滋滋，心的倾诉，情的流露，难以诉说的感情，全部的表达就在这盛宴一瞬间，这里，让我们大家对主人一家精心安排的这场乔迁贺宴表示最衷心的感谢！

人逢喜事精神爽，恭贺乔迁喜气扬；酒不醉人人自醉，贺喜哪能不酒醉？谈天说地喜洋洋，同喜同乐到永久。让我们共同分享他们的快乐，祝福主人搬进新居，乐得合不拢嘴，笑得春风得意，喜得眉开眼笑，幸福的生活就像芝麻开花节节高，十年旺运万万年。

贺词佳句赏析

◆新屋落成逢新岁，春风送暖发春华
◆近水楼台先得月，向阳花木早逢春
◆春风杨柳鸣金屋，晴雪梅花照玉堂
◆春风丽日开画栋，绿柳红花掩门庭
◆春风堂上新来燕，香雨庭前初种花
◆门前绿水声声笑，屋后青山步步春
◆燕筑新巢春正暖，莺迁乔木日初长
◆宛转莺歌金谷晓，呢喃燕语玉堂春
◆里有仁风春日永，家馀德泽福星明
◆喜延明月长登户，自有春风奉扫门
◆小楼上下皆春意，新第旁围多睦邻

◆宏图大展兴隆宅，泰云长临富裕家。花香入室春风霭，瑞气盈门淑景新。华厅集瑞，旭日临门。吉日迁居，万事如意。

◆莺迁仁里，燕贺德邻，恭贺迁居之喜，室染秋香之气。平安福地，紫微指栋，吉庆人家，春风架梁。新人新居，欢歌笑语。

◆树雄心创伟业为江山添色，立壮志写春秋与日月增光；水往低处流，人往高处走，黄道吉日乔迁真是好时候；你迁向福源地，会越过越富有，福旺财旺人气旺，健康平安乐悠悠。

◆一代祥光辉吉宅，四面旺气聚重门。三阳日照平安地，五福星临吉庆门。

◆莺迁仁里，燕贺德邻，恭贺迁居之喜，室染秋香之气；"良辰安宅，吉日迁居"，幸福的生活靠勤劳的双手创造！祝贺你，搬新家了，愿你的生活越过越好！

◆鞭炮响，锣鼓闹，吉日良辰已来到；好朋友你搬家了，发条短信祝福到；新天新地新福绕，新宅新院新财罩，新邻新友新吉兆，欣欣向荣新面貌！

◆鸟枪换炮，新居报到，挥手作别老宅，好友亲朋齐欢笑！新新的房，新新的墙，还有美丽小新娘。幸福搬，快乐搬，健康和谐一起搬，良辰吉日庆乔迁！

◆喜迁新居喜洋洋，福星高照福满堂。客厅盛满平安，卧室装满健康，厨房充满美好，阳台洒满好运，就连卫生间，也是财气逼人。恭贺乔迁新居！

◆莺迁仁里，燕贺德邻，恭贺迁居之喜，室染秋香之气；"良辰安宅，吉日迁居"，幸福的生活靠勤劳的双手创造！

第四章 婚礼

——兰舟昨日系，今朝结丝萝

婚礼是每个人一生中的四喜之一，也是充满憧憬和喜悦的仪式，从古至今婚礼都要举办得红红火火，热热闹闹的。

在婚宴上致辞的朋友一般是与新郎新娘关系亲密的知己，因为相互之间的忌讳比较少，又都是年轻人，所以致辞的内容往往比较活泼，除了向新郎和新娘祝贺新婚之喜之处，还可以讲述新郎和新娘往日的趣事、恋爱故事等。

古代婚礼礼仪常识

古代的婚姻礼仪指从议婚至完婚过程中的六种礼节,即:纳采、问名、纳吉、纳征、请期、亲迎。这一娶亲程式,周代即已确立,最早见于《礼记·昏义》。以后各代大多沿袭周礼,但名目和内容有所更动。汉平帝元始三年(公元3年)曾命刘歆制婚仪。汉朝以后至南北朝,皇太子成婚无亲迎礼。而从东汉至东晋更是因社会动荡,顾不得六礼,仅行拜时(拜公婆)之礼,连合卺仪式也不要了。直到隋唐,皇太子才恢复行亲迎礼,帝室成婚也照六礼行事。宋代官宦贵族仍依六礼,民间则嫌六礼繁琐,仅行四礼,省去问名和请期,分别归于纳采和纳征。《朱子家礼》连纳吉也省去,仅取三礼,三礼也成为明代的定制。清代仅重纳采、亲迎二礼,中间加女家铺房一礼。清代《通礼》载,汉官七品以上才实行议婚、纳采、纳币、请期、亲迎五礼。清末后,六礼演变纷繁,也就逐渐衰落了。

纳采

婚姻礼仪。为六礼之首礼。男方欲与女方结亲,请媒妁往女方提亲,得到应允后,再请媒妁正式向女家纳"采择之礼"。《仪礼-士昏礼》:"昏礼,下达纳采。用雁。"古纳采礼的礼物只用雁。纳采是全部婚姻程序的开始。后世纳采仪式基本循周制,而礼物另有规定。清代的纳采多为定婚礼,与历代不同。

第四章 婚礼
——兰舟昨日系，今朝结丝萝

问名

婚姻礼仪，六礼中第二礼。即男方遣媒人到女家询问女方姓名、生辰八字。取回庚贴后，卜吉合八字。《仪礼·士昏礼》："宾执雁，请问名；主人许，宾入授。"郑玄注："问名者，将归卜其吉凶。"贾公彦疏："问名者，问女之姓氏。"

纳吉

婚姻礼仪。六礼中第三礼。是男方问名、合八字后，将卜婚的吉兆通知女方，并送礼表示要订婚的礼仪。古时，纳吉也要行奠雁礼。郑玄注："归卜于庙，得吉兆，复使使者往告，婚姻之事于是定。"宋代民间多以合婚的形式卜吉定婚。至明代，以媒氏通书、合婚代之。清代，纳吉一仪已融于问名和合婚的过程中。民国时期，无纳吉仪，只有简单的卜吉习仪，多将女方庚贴放置灶神前，如三日内无发生异事，则认为顺利，就拿男女庚贴去合婚。

纳征

亦称纳成、纳币。婚姻礼仪。六礼中第四礼。就是男方向女方送聘礼。《礼记·昏义》孔颖达疏："纳征者，纳聘财也。征，成也。先纳聘财而后婚成。"男方是在纳吉得知女方允婚后才可行纳征礼的，行纳征礼不用雁，是六礼唯一不用雁的礼仪，可见古人义礼之分明。历代纳征的礼物各有定制，民间多用首饰、细帛等项为女行聘，谓之纳币，后演变为财礼。

请期

又称告期，俗称选日子。婚姻礼仪。六礼中第五礼。是男家派人到女家去通知成亲迎娶的日期。《仪礼·士昏礼》："请期用雁，主人辞，宾许告期，如纳征礼。"请期仪式历代相同，即男家派使进去女家请期，送礼，然后致辞，说明所定婚期，女父表示接受，最后使者返回复命。至清代，请期多称通信，即男家用红笺，将过礼日、迎娶日等有关事项一一写明，由媒人或亲自送到女家，并与女家商议婚礼事宜。

亲迎

又称迎亲。婚姻礼仪。六礼中第六礼。是新郎亲自迎娶新娘回家的礼仪。《诗经·大雅·大明》："大邦有子，天之妹，女定厥祥，亲迎于渭。"亲迎礼始于周代，女王成婚时也曾亲迎于渭水。此礼历代沿袭，为婚礼的开端。亲迎礼形式多样。至清代，新郎亲迎，披红带花，或乘马，或坐轿到女家，傧相赞引拜其岳父母以及诸亲。岳家为加双花披红作交文，御轮三周，先归。新娘由其兄长等用锦衾裹抱至轿内。轿起，女家亲属数人伴送，称"送亲"，新郎在家迎侯。

奠雁礼

婚姻礼仪。从周代至清末，在按六礼而行的婚姻中，除了纳征（下聘）礼以外，其余五礼均需男方使者执雁为礼送与女家。因为雁是侯鸟，随气候变化南北迁徙并有定时，且配偶固定，一只亡，另一只不再择偶。古人认为，雁南往北来顺乎阴阳，配偶固定合乎义礼，婚姻以雁为礼，象征一对男女的阴阳和顺，也象征婚姻的忠贞专一。后来因雁越来越难得，人们就改用木刻的雁代之，到近代，改用鹅、鸭、鸡三种活禽代替行奠雁礼，以定婚姻的和顺。用雁之礼，朝鲜等国也袭用。

议婚

亦称议亲。商议婚娶的最初阶段，即六礼中纳采、问名、纳吉三阶段。由男方派人到女家提亲开始，经过换帖、卜吉、合婚、相亲等程序，到订婚为止。《聊斋志异-青蛙神》："虽故却之，而亦未敢议婚他姓。"

问肯

即求亲。婚姻礼仪，即六礼中的第一礼纳采。元代王晔《折桂令·答》曲："一个将百十引江茶问肯。一个将数十联诗句求亲。"

第四章 婚礼
——兰舟昨日系，今朝结丝萝

合婚

亦称合八字，古称卜吉。婚姻礼仪。是问名礼中的程序之一。双方议婚之初，在开出八字后，审合男女双方名号及生辰八字。古代是各自行卜，问鬼神，告家庙。近代则是请阴阳先生卜占男女命是否相合，相合则婚，相克则婚不成，要将双方的生辰八字退还。

压庚

又称压帖。婚姻礼仪。是六礼之纳吉中的一项内容。经过对合双方的八字帖后，男家用礼盒装上庚帖，上压钗钏和如意送往女家。又，将对方的八字帖压于家庙或祖先牌位下或供案香炉下，意请先人鉴之，如三日内家中平安者，可行婚姻，亦称压庚。

相亲

亦称相门户、对看。婚姻礼仪。即在议婚阶段换过庚帖后，由媒人联系安排，双方长亲见面议亲。历代相亲仪式大同小异。旧时男女当事人并不相见，而由父母长亲包办。

订婚

婚姻礼仪。即订立婚约的仪式。通过这个仪式，表示正式定下双方的婚事。古代，男方以雁为礼，去女家商定婚事，雁成为婚姻的信物。近代多用饰物、衣物、食物为礼，送往女家，送礼之后，婚约即成。订婚的表现形式为婚书及财礼。封建社会，订婚是结婚的必经程序，双方均不得反悔。新中国成立后，订婚已不是法定程序，男女双方只要出于自愿，合乎婚姻法的条件还要进行登记注册。

尝汤献花

婚姻礼仪。订婚后，男家长者赴女家，与女家长者一道焚香祷祝上天保佑。礼毕，女家设宴。席上先尝汤，上清汤四碗，碗口上以红线作十字交叉，线头坠铜钱，以示姻缘开头。尝过汤后，上盘装四个猪蹄,每个上插红花,盘中置刀一把,刀柄上缠红绸,此谓献花,含缔结婚约之意。尝汤献花后,订婚礼为正式完成。

议聘

婚姻礼仪。是男女双方同意结婚后,由媒人往来商议男家聘金和女家嫁妆的种类、数量的程序。一般根据双方的家庭地位和财产的多少及当婚男女的人品而确定,明显带有买卖婚姻的痕迹。

下插定

婚姻礼仪。是专门送约定婚姻信物的仪式。男家向女家提出订婚,将女子插戴的首饰送到女家,作为婚约信物。《儒林外史》第二十七回:"但我说明了他家是没有公婆的,不要叫鲍老太自己来下插定。"

下财礼

亦称下彩礼、下财、下礼、过礼、过彩礼、放定、下定、行大盘、行聘、行聘礼等。婚姻礼仪。即完婚前男家向女家送财礼。财礼的数量品质,各地不同,主要视家境的贫富而定。南宋-吴自牧《梦梁录-嫁娶》:"且论聘礼,富贵之家当备三金送之,则金钏、金、金帔坠者是也。若铺席宅舍,或无金器,以银镀代之。否则贫富不同,亦从其便,此无定法耳。"下财礼即依礼制,也要征得女方同意,实质是送和要结合。行聘前,先由媒人执彩礼帖(礼品清单)与女家商议,往往双方对数量品质多存争议,需商议多次方能定下。行聘时,男家备礼书,置于红漆木盘上,排队手捧肩挑礼品,伴以鼓乐送至女家,女家协助将礼品摆开,供女家亲友邻人观赏过目。女方收下,下财礼毕。婚约正式成立。

回盘

亦称回礼、回情、答回。婚姻礼仪。婚娶前,男方行聘礼,女方收下后,视情给一定回礼。南宋-吴自牧《梦梁录·嫁娶》:"男择日下聘,(女方)亦以礼物答回。"因回礼多用盘捧上,故称

第四章　婚礼
——兰舟昨日系，今朝结丝萝

回盘。

良辰

亦称良辰吉日。即选择的宜于成婚的日子。要按黄道推算或由阴阳先生选择，或依皇历所载而选。唐代李商隐《流莺》："巧啭岂能无本意，良辰未必有佳期。"《水浒传》："今日是个良辰吉日，贤妹与王英结为夫妇。"对良辰的选择大多注重日子、季节、月份，以求吉利。

随礼

也称随份子、凑份子。婚姻礼俗。是在男女结婚前，亲友们按约定的数额出钱，集中之后做贺礼，交付将要结婚的男女。旧时随礼只限于男家的亲友，现代女家的亲友也从此俗。

添箱又称添房。婚姻礼仪。是接到男家请期后，女家将嫁女的吉日写成喜贴，送往各亲友家，凡接到喜贴的亲友，一般均以钱物为礼送至女家贺喜。添箱与添妆不同处是不将钱物直接给新娘，而是给女家，是家庭间的礼仪交往。

造子孙林

婚姻礼仪。嫁娶时男方聚众造林，以供新婚夫妇日后维持生活，赡养老人和为老人送终之需。可依时令在婚礼前或婚礼后择日举行，此礼含造福子孙之意。

三请三邀

婚姻礼仪。婚前女家请未成礼的女婿上门宴饮，男方先是敬谢，再请，再谢，三请之后，男方才赴往，以示持重。男方在迎娶时，也要备三请三邀帖，到女家后次第投入，方能获女方同意。

古代婚姻庆典有哪些习俗

花轿

　　花轿作为传统婚礼的核心部分是从南宋开始流行的。它分四人抬、八人抬两种，又有龙轿、凤轿之分。轿身红幔翠盖，上面插龙凤呈祥，四角挂着丝穗。有钱人家娶亲为五乘轿，花轿三乘，娶亲去的路上女迎亲者坐一乘，其余二乘由压轿男童坐；迎亲回来时新娘、迎亲、送亲者各坐一乘，另有二乘蓝轿，用蓝呢子围盖，上面插铜顶，由新郎、伴郎各坐一乘。

　　轿子曾流行于广大地区。自古以来历代相袭。因时代、地区、形制的不同而有不同的名称。如肩舆、檐子、兜子、眠轿、暖轿等。现代人所熟悉的轿子多系明、清以来沿袭使用的暖轿，又称帷轿。木制长方形框架，于中部固定在两根具有韧性的细圆木轿杆上。轿底用木板封闭，上放可坐单人或双人的靠背坐箱。轿顶及左、右、后三侧以帷帐封好，前设可掀动的轿帘，两侧轿帷多留小窗，另备窗帘。历代统治阶级都曾制定过轿子的形制等级，体现在轿子的大小、帷帐用料质地的好坏和轿夫的人数等方面。民间所用的轿子分素帷小轿和花轿两种。前者系一般妇女出门所用之物，后者则专用于婚嫁迎娶。20世纪80年代中期开始，素帷小轿、花轿都被旅游业启用。花轿多设置在旅游点，与中国帝王传统的结婚礼服——凤冠、霞帔配合，用来接待中外游客，举行中国古代婚礼仪式，或用作拍照道具。素帷小轿则作为江浙山区的一种民俗交通工具，用来迎送中外游客。

第四章 婚礼
——兰舟昨日系，今朝结丝萝

新娘障面

从上轿开始。在人洞房前，新娘一定要蒙一块"红盖头"。有的说是新娘嫁与新人，难免不好意思，故蒙头遮羞；有的认为是用红布避邪。其实这里也有原始掠夺婚的痕迹，在抢夺新娘时，为了不让其大喊大叫和看清来人，抢到手后，都要把她的头蒙起来，后来婚礼时一直延用这个习俗。

撒谷扬豆

新娘上轿前。要请一位福寿双全的老太太。手持装有谷子、豆子等五谷杂粮的器物，到处撒播，最后一把要撒在花轿当中。当花轿来到男家时，也有人照样撒谷扬豆。这样做的含义是，女方希望女儿出嫁后吃穿不愁，享受清福；男方则希望娶新妇后带来好运，五谷丰登！也有的说这种习俗是为了避邪，撒一些粮食给那些捣乱的鬼神，阻止他们进家门。现代婚礼中有人在楼梯上撒麦麸也是取此意。

拜堂成亲

拜堂又称拜天地，是婚礼过程中最重要的大礼。因为男女结合延续了人类，所以要先拜天地；从结婚开始，女人成了男方家族的正式成员，所以要拜高堂；结婚之后，男女将结合为一体，所以要夫妻交拜。关于拜天地，有一个传说：女娲造人的时候，开始只造了一个后生。这后生虽然有吃穿，逍遥自在。却感到很孤单，于是请求月亮老人给他找个知心人。月亮老人就又求女娲造了个姑娘，让他们结为伴侣。在结婚的时候，月亮领着两个白发长者对二人说，"这是天公和地母，你们以后的生活全都离不开她俩，首先得给养育了你们的天公地母拜三拜。"从此便流传下了"拜天地"的习俗。

花果撒帐

新婚夫妇进入洞房之前，要从亲属中选一位儿女齐全的吉祥长辈，手执托盘，里面装满枣、栗子、桂圆、花生等，走进洞房，一边抓起这些果子撒向寝帐，一边吟诵："撒个枣、领个小（儿子），撒个栗、领个妮（女儿），一把栗子，一把枣，小的跟着大的跑。"枣子谐音"早子"，栗子谐音"利子"或"妮子"，花生意味着花花搭搭生，既生男又养女，合在一起，就是早得贵子，儿女双全。据记载，撒帐之俗始于汉武帝。汉武帝迎娶李夫人时，将其迎入帐中共坐，帝令官人将准备好的五色花果撒入帐中，坐在帐中的汉武帝和李夫人争相牵起衣角相接，以为得果多则意味着婚后得子多。从此，撒帐既是婚礼中的笑乐调侃之举，也成了必不可少的祝福之仪式。有人认为，现代婚礼上的彩色纸屑，就是从撒五色花果传承而来。

安床坐帐

撒帐结束后，吉祥婆要帮新人把被子铺好，一边铺还要一边说"百年合好，早生贵子"等吉利话，此谓"安床"。安床完结后，要请新人坐到一起，先是由新郎将新娘的盖头揭下来，称为脱缨；然后新人共饮"交杯酒"，宋代以前是用瓢饮，二者相合，即成葫芦状，象征夫妇合二为一。宋代以后即改成用酒杯，用红线把两个酒杯栓在一起，饮后将酒杯放于床下。若酒杯一仰一合是为大吉，象征天履地载，男俯女仰，阴阳和谐，婚姻美满。喝完交杯酒，要将男左女右各一缕头发合在一起，谓之"合髻"，也称结发。据有人考证，婚礼上的结发习俗来源于一个古代的爱情巫术。古人认为，头发是身体的一部分，里面藏有人的灵魂，假若对头发施展法术，就会对头发的主人产生直接影响。如《金瓶梅》中，潘金莲失宠后，就以一小木人写上西门庆的生辰八字，用自己的头发把他缠住，想以此重新把西门庆拉到自己身边。尽管这种巫术带有强烈的迷信色彩，但这种美好愿望一旦移植到婚礼这么庄重的事情上来，就没有了爱情巫术的成份，取而带之的则是夫妻恩爱忠贞的民俗象征了。喝完交杯酒、结完发之后，还要把新郎的右衣襟压在新娘的左衣襟上，据说是男人应该压倒女人的意思。以上仪式统称为坐帐。

第四章 婚礼
——兰舟昨日系，今朝结丝萝

闹洞房

迎亲典礼结束后，首先要进行的是"坐帐"。搭大棚，贴喜字儿。喝时以红头绳将两个羽觞系在一起，娶亲太太将一杯递与新郎，送亲太太将另一杯递给新娘，各饮半杯，再予互换，意思是"千里姻缘一线牵"。

洞房花烛夜后，第二天一大早，新婚夫妇要共同拜祭佛、神和宗亲三代，以及拜见长辈。牛角灯，二十对儿，娶亲太太两把头，送亲太太大拉翅儿。如单独放大定，礼品要比放小定时更多一些，由男家送给女家一些首饰、衣服之类；而富者当然很讲究，正如北京儿歌所唱："小姑娘，做一梦，梦见婆婆来下定，真金条，裹金锭，桃红裙子扎金凤，绣花鞋，蝴蝶儿梦。"

因各地风俗习惯不同，婚俗也不尽相同，象跳火盆、背媳妇、闹洞房、吃合婚饺子合婚面等在一些地方也是必须的仪式。

各式婚礼庆典流程

婚礼是每个人一生中的四喜之一，也是充满满憧憬和喜悦的仪式，从古至今婚礼都要举办得红红火火，热热闹闹的。说到古代婚礼，就是高头大马、大花轿，而随着时代的发展，社会的变迁，现在我们常见的婚礼仪式，是结合了传统婚礼的习俗与现代社会的特点，以及西式婚礼的理念而形成的，同时，由于人们所处的地域不同、民族不司，我们所看到的现代婚礼形式也是多种多样、色彩续纷的。

下面就介绍一下，我们现在社会上常见的几种婚礼形式：

传统婚礼

所谓传统婚礼。是能够体现中国特色的一种婚礼形式。这样的婚礼是由迎亲仪式拉开序幕的，所谓的迎亲仪式是，新郎在伴郎等亲朋好友的陪同下，到新娘的娘家去迎接新娘，而新娘家的亲属和朋友则负责刁难新郎，等得到满意的答复之后才允许新郎带走新娘，有些地方还会要求新郎将新娘抱到车上。

当新郎好不容易抱得美人归之后，如果是在酒店举行婚礼，则新郎和新娘直接到酒店，如果在家举行仪式，则新郎新娘回到新房，但是不管怎样，两家的亲朋好友都是要到新房去参观的，这时，需要鸣放代表喜庆的鞭炮，有些地区禁止鸣放鞭炮可以用踩红气球、撒彩色纸屑来代替。

当新郎新娘准备好之后，就可以开始举行婚礼，一般婚礼都会选择吉时，吉时一般由主持人把握。

传统婚礼仪式的具体过程是：

首先，由主持人宣布婚礼开始，同时鸣放鞭炮，奏乐，新郎新娘入场。之后新郎新娘向尊长、亲友行鞠躬礼，新郎新娘互行鞠躬礼，新郎新娘向来宾行鞠躬礼。

其次，主婚人讲话，之后双方家长讲话、单位领导、介绍人、尊长及来宾代表讲话或致祝词，最后新郎新娘致答谢词。

最后，婚礼结束，再次鸣放鞭炮，奏乐。

这样的婚礼形式，比较适台中国的国情，在广大农村应用得最为广泛。现在很多城市家庭也会选用这样的婚礼形式。

酒宴式婚礼

酒宴式婚礼一般没有固定的婚礼形式，一般是由婚礼的当事人，大部分时候是由男方（当然如女方需要也可由女方）在酒店预订宴席。邀请亲朋好友，由主持人简单主持，由双方家长和新郎新娘简单致辞之后，就开始宴会的一种婚宴形式。这样的婚宴简单快捷，能节省参与者的时间。同时新人可以依桌敬酒，表述对亲朋好友的谢意。

第四章 婚礼
——兰舟昨日系，今朝结丝萝

这样的婚礼形式一般可以作为举办过正式婚礼之后，对亲朋好友的答谢。

荟话式婚礼

这是一种既方便又省钱的婚礼形式，这种婚礼的重点在于婚礼的形式。这种婚礼由新郎新娘准备一个场地，这样的场地可以是接待室、会议室等地方。这样的婚礼不需要准备酒菜，只要有简单的茶点即可。

举办婚礼时。只要邀请单位或部门同事、领导、亲戚朋友等来到事先准备好的会场，大家在轻松愉快的氛围内举行婚礼。

这样的婚礼也是要有一定形式的。

首先由主持人宣布结婚典礼开始，同时放喜庆的音乐。与其他婚礼不同的是，这样的婚礼的主持人不一定需要专业的人士，由新人的朋友、长辈等人来主持也可以。主持人的作用是引导整个婚礼，同时宣布新人正式成婚。之后，由新人单位领导讲话，来宾（亲友及同事）致辞，新郎新娘致答谢词，然后新人用茶点简单地招待参加婚宴的客人。最后，由主持人宣布婚礼结束。

茶会婚礼一般是在工作繁忙或工作单位相同的新人之间举行，由新人和新人的同事朋友共同策划。

旅行结婚

旅行婚礼是现在社会上比较流行的一种婚礼形式，这样的婚礼形式简单便捷，同时又经济实惠。

新人选择旅行婚礼这种形式，是将婚礼和蜜月旅行相结合的一种形式。这样的婚礼，没有繁文缛节，给亲朋好友减轻了负担，同时将举办婚宴的金钱节省下来。这样就能够有更多的金钱和时间，去更多的地方旅游。

集体婚礼

集体婚礼产生于20世纪30年代，从产生的那天起就受到人们的欢迎，直到今天，它仍然是人们最喜欢的婚礼形式之一。这样的婚礼，在简单的同时又热闹、大气，同时，这样的婚礼一般都选在比较有纪念意义的地点或时间，能给新人留下终生难忘的记忆。

参与集体婚礼的新人们，可以是素昧平生的陌生人。也可以是好朋友们相约同时举办婚礼。不管怎么说。集体婚礼都是最热闹的婚礼之一。

集体婚礼的组织者一般是新人所在单位的工会、共青团和妇联等团体，同样现在也有很多由电视台等单位组织的集体婚礼。

集体婚礼一般对参与者的装扮没有特殊要求，可以按照自己的喜好来打扮，男士可以穿西服或唐装，女士可以穿婚纱或旗袍，当然如果新人参加的集体婚礼有特殊的主题，主办方对于新人的着装就会有一定的要求了。

集体婚礼，一般是不需要新人的亲朋好友都参加的，一般双方家属亲戚和单位领导一部分人参加就可以了，具体的参与人数要看活动的主办方的要求。

集体婚礼的自由度比较高，没有什么固定的仪式流程，全看新人的要求和集体婚礼的主题。比较常见形式是，由主持人宣布婚礼开始，在《婚礼进行曲》的音乐声中，新郎新娘缓步进入会场，这时参加婚礼的来宾，全体起立来欢迎新人。

当新人全都来到会场之后，婚礼的仪式正式开始。主持人主持全场婚礼，相关的领导或主办方讲话和发放礼品。

广告婚礼

广告婚礼对于我们来说是一种比较新颖奇特的婚礼形式，其实按照我们的习惯性思维，这种形式，其实并不能称之为婚礼。它只是新人借助大众传媒来将自己要结婚的消息传播出去。

这样的婚礼形式利用了传播媒介的传播速度快、受众多的特点，使新人能够快速地通知亲朋好友自己要结婚了，同时可以得到更多的祝福。

同时，这样的婚礼形式没有繁琐的步骤和要求，能够省去许多麻烦，同时可以节省新人自己和亲朋好友的时间和金钱。

第四章 婚礼
——兰舟昨日系，今朝结丝萝

西式婚礼

西式婚礼原本是信奉基督教或天主教的人们举行的一种婚礼形式。这种形式的婚礼从传入中国，就因其美丽的服装、浪漫的形式，受到了很多新人的喜爱。

西式婚礼必须在教堂举行，当婚礼开始之后，婚礼进行曲响起，这时牧师、新郎、男傧相相继进入教堂。

牧师首先进入，他登上圣坛，这时新郎来到圣坛的右边，站好，男傧相站在新郎的左边稍后。

当新郎准备好之后，有女傧相、花童，相继出现在教堂，在这之后，新娘就可以出场了，新娘是挽着父亲的右臂，慢慢地走向新郎。这时双方的母亲及宾客要从座位上站起来，当新娘来到新郎的面前时，新娘的父亲将新娘的手交给新郎。这时婚礼仪式开始，牧师做祈祷和致辞，这时，婚礼的嘉宾可以落座了。

在婚礼中，新郎新娘宣誓要一生相伴，然后交换结婚戒指、接吻，最后牧师宣布新郎新娘成为夫妇，至此，婚礼结束，新人开始接受大家的祝福。

其他形式的婚礼

随着社会的发展，人们的想法越来越多，越来越多的新奇婚礼形式出现在了我们的眼前。

植树节婚典礼。环保、低碳是我们现在大部分人追求的生活方式，植树婚礼就是响应了这样的生活理念的一种婚礼形式。新婚夫妇到政府指定的植树地点，进行植树，既有纪念意义又有益于社会。

婚礼电影晚会。这样的婚礼形式，在农村很常见。农村举办婚礼希望能够热热闹闹的，所以，现在很多新婚夫妇回家乡包租一场电影，招待村里乡亲一起去看电影，这样的婚礼形式既热闹，又简单便捷。

新婚庆典贺词佳篇

证婚人贺词

范文一：
新娘父亲的领导在新婚宴会上致贺词

尊敬的各位来宾、朋友们：

大家早上好！

丹山凤凰双飞翼，玉宇欣看金鹤舞。

凤凰烈栖桃花岸，莺燕对舞艳阳春。

在这风和日丽的日子里，我受到新郎新娘的委托，十分荣幸地担任××先生与××小姐结婚的证婚人。××先生和××小姐一路走来。如今终于步入了婚姻的殿堂，我们都感到万分的欣慰与喜悦。作为他们的证婚人。我首先要祝贺他们新婚快乐，同时，请允许我代表两位新人和他们的家人，向在座各位来宾的到来，表示最热烈的欢迎和最衷心的感谢！

先让我先来向各位介绍一下这对新人。新郎××先生现在××单位从事××工作，他不仅英俊潇洒、才华横溢，而且忠厚诚实、和气善良，在工作上，他勤勤恳恳、兢兢业业，在业务上，他勤勉刻苦、专心钻研，他的努力得到了大家的肯定，他所取得的成绩有目共睹。新娘××小姐现在××单位从事××工作，她不仅美丽优雅、善良可爱，而且温柔体贴、善解人意，她聪明好学，尤擅当家理财，可谓出得厅堂、入得厨房，是一位兰心蕙质、惹人喜爱的姑娘。他们可谓是天造一对，地设一双，神仙眷侣，天作之合。

第四章 婚礼
——兰舟昨日系，今朝结丝萝

经过了春的孕育，夏的热恋，这对新人一起走进了绚丽成熟的收获季节，在声声的爆竹、对对的喜字中，他们缔结了美好的婚姻，建立了幸福的家庭。

现在，我正式宣布：××先生和××小姐无论是在物质上，还是在心理上，他们对组建共同的家庭、共创美好的未来，都已经有了充分的准备，他们的婚姻程序是合法有效的！此刻，青山秀水为你们作证！碧海蓝天为你们作证！在座的各位亲朋好友们为你们作证！

希望你们在今后的日子里，互敬、互爱、互谅、互助，无论今后是顺畅或是坎坷，你们的心都紧紧连在一起，牵着对方的手，相依相偎直到永远！

范文二：

领导在新婚宴会上的证婚贺词

尊敬的各位领导、各位嘉宾，女士们、先生们：

大家好！

不愿学鸳鸯卿卿我我浅戏水，有志学鸿雁朝朝夕夕搏长风。

今天，伴随着喜庆的《婚礼进行曲》，一对新人走上了红地毯，接受亲朋好友的祝福。我受新郎××先生与新娘××小姐的重托，担任他们的证婚人。在这神圣而又庄严的婚礼仪式上，能为这对珠联璧合、佳偶天成的新人作证致婚辞，我感到分外荣幸。

新郎××先生今××岁，现在××单位，从事××工作，担任××职务。新郎不仅英俊潇洒，而且才华出众。

新娘××小姐今年××岁，现在××单位，从事××工作，担任××职务。新娘不仅漂亮、大方，而且温柔体贴。

他们经过相知、相恋、相爱，缔结的婚姻符合《中华人民共和国婚姻法》的规定。本证婚人特此证明他们的婚姻真实、合法、有效。

作为证婚人，我不仅证明你们婚姻有效，还要向两位新人传授婚姻之道，希望你们受用。一般说来，美满的婚姻需经过三重境界：第一重，和自己相爱的人结婚，此重境界像沸水，呈现出婚姻的狂热和满足。第二重，和对方的生活习惯结婚，此重境界像温水，呈现出婚姻的宽容和互补。第三重，和对方的社会关系、亲情、友情结婚，此重境界像淡水，呈现出婚姻的智慧和领悟。希望你们今后做到：平平淡淡才是真，夫妻双双把家还，鱼水和谐百年恩。

最后，祝愿两位新人心心相印，甘苦与共，恩爱永远，白头到老，早生贵子。祝愿各位宾朋身体健康、工作顺利、生活幸福。

主婚人贺词

范文一：

某领导在婚宴上的主婚词

尊敬的各位来宾：

大家好。

绿柳含笑永结同心，地阔天高比翼齐飞。

今天，我受喜主之托，有幸为××先生和××小姐主婚。

月下老人巧牵线，世间青年喜成婚。××先生精明强干，思想进步，××小姐秀外慧中，美丽善良，是一对积极向上的好青年，他们两人经过相识、相爱、相盼、相守，最终达到今天的完美结合。他们的爱情是真诚的、永恒的，他们的婚姻是幸福的、神圣的。

谨借此机会，我要对两位新人说：希望你们在家互敬互爱，尊老爱幼，合理分工，和睦相处；在外相互支持，相互鼓励，比翼双飞。同甘共苦，同舟共济，手牵手去创造美好的未来。

向阳花并蒂，同植常青树。

最后，祝××先生和××小姐新婚幸福，永结同心，白头偕老，百年好合。

祝在座的各位来宾、各位亲友身体健康、生活美满、事业顺达、万事如意。

第四章 婚礼
——兰舟昨日系，今朝结丝萝

谢谢大家！

范文二：

主婚人贺词

尊敬的各位亲友、各位来宾：

今天既是瑞雪纷飞新年伊始，又是××和××二位同志新婚大喜的良辰吉日，我们大家来参加这二位同志的新婚典礼，心里非常高兴。

大家知道，新郎是一年前分配来的大学生，他才华横溢，气宇不凡，真是"腹有诗书气自华"，深受学生爱戴、同行亲近、姑娘青睐。从名字就可知道他是一位心清如水、热情奔放的小伙子。而他在那清如山泉的心田里，早已倒映着一个小玉环的倩影。

新娘也像她的名字一样，是一只小巧玲珑、纯洁无瑕的玉环，她的质朴、自然、诚挚和温柔，特别是她那"回眸一笑百媚生"的无比魅力，我敢说，风华正茂的小伙子见了，没有不为之倾倒的。不过，也只有我的好友××才有这个缘分，我为这样迷人的姑娘爱上了我们这雅而穷的数学教师而自豪。

别看新娘只是我们县粮站的职工，却能用她那美丽的玉环把×老师的心牢牢地圈住；请相信，我们的这位华罗庚的门徒必将用白头偕老的功夫来计算她这只玉环的价值。

让我们共同祝愿眼前的一清一坏：亲亲密密，坏坏相扣，同心永结，天长地久。

介绍人致贺词

范文一：

介绍人在婚庆宴会上致贺词

各位来宾，女士们、先生们：
你们好！

清风拂面，吹来醉人的甜蜜；流云飞扬，传递着诚挚的祝福。今天，作为介绍人，我很荣幸地与二位新人及各位亲朋好友共享这喜庆的时光。

新郎××先生，仪表潇洒、气质孺雅、才华横溢。新娘××小姐，温柔贤淑，通情达理、秀外慧中。两位可谓俊男靓女，郎才女貌，各自家庭幸福和谐，至善至美。他们的结合真可谓是：才子佳人世间两美，金童玉女耀眼双星。

××月××月，农历××，这是个特别吉祥的日子。天上人间最幸福的一对即将在这良辰吉日喜结连理，共续良缘。今天，高朋满座，美乐轻扬，欢声笑语，天降吉祥。在这美好的日子里，在这大好时光里，天上人间共同舞起了美丽的霓裳。今夜，必将星光璀璨，新郎和新娘，情牵一线，踏着火红的地毯，业已步人幸福的婚姻殿堂，从此，他们将相互依偎，徜徉在爱的海洋。这正是：红妆带绾同心结，碧沼花开并蒂莲。

××先生和××小姐，是我作为介绍人的第一篇习作，开头竟是如此完美，在深感得意的同时，我还特别想叮嘱二位新人，你们要将今后的人生续写得更加精彩动人。为此，我以介绍人的名义，以长辈的姿态，希望你们结婚以后，工作上相互鼓励，事业上齐头并进，生活上互相照顾，遇到困难要相濡以沫、同舟共济；出现矛盾要多理智少激动、多理解少猜疑。新娘要孝敬公婆、相夫教子，做一位人人称赞的贤媳良妻；新郎要为妻子撑起能遮风挡雨的保护伞，做妻子雷打不动的坚固靠山。

最后再次祝福新郎××先生、新娘××小姐：你们要把恋爱时期的浪漫和激情，一直延续到永远。做到：自首齐眉鸳鸯戏水，青阳启瑞桃李同心。海枯石烂心永远，地阔天高比翼飞！

范文二：

婚礼上介绍人贺词

各位来宾、各位朋友：

苍天作美，月老玉成，今天是××先生与××小姐新婚大喜的日子，作为二位新人的介绍人，我感到由衷的高兴。更感到无比的自豪。

第四章 婚礼
——兰舟昨日系,今朝结丝萝

俗话说得好:"千里姻缘一线牵"。我有缘有意成就了今天这对新人的幸福结合,这是上天的安排。今天他们将心贴着心、手拉着手、肩并着肩走上幸福的红地毯。他们两人,一个是在东平镇政府书写人生精华的办公室人才。一个是东平镇中学造就人类灵魂的工程师。他们的结合是天作之合,佳偶天成。

天遂人愿,大楼之外是艳阳高照、暖意洋洋,大厅之内是高朋满座、情义浓浓,这昭示着二位的爱情甜甜蜜蜜、美美满满;昭示着两家的感情百尺竿头,更进一步。

古人云:人生有三不朽——爱情、事业、文章。我衷心地祝愿二位从今以后携手并进,互敬互爱,悉心经营好共同的爱情,努力打创好各自的事业,齐心协力书写好人生最壮丽的篇章。

新人父母致辞

范文一:

贾平凹在女儿婚礼上的讲话

各位来宾、两位亲家:

我27岁有了女儿,多少个艰辛和忙乱的日子里,总盼望着孩子长大,她就是长不大,但突然间她长大了,有了漂亮,有了健康,有了知识,今天又做了幸福的新娘!我的前半生,写下了百十余部作品,而让我最温暖的也最牵肠挂肚和最有压力的作品就是贾浅,她诞生于爱,成长于爱中,是我的淘气,是我的贴心小棉袄,也是我的朋友。我没有男孩,一直把她当男孩看,贾氏家族也一直把她当做希望之花。我是从困苦境域里一步步走过来的,我发誓不让我的孩子像我过去那样贫穷和坎坷,但要在"长安居大不易",我要求她自强不息,又必须善良、宽容。二十多年里,我或许对她粗暴呵斥,或许对她无为而治,贾浅无疑是做到了这一点。当年我的父亲为我而欣慰过,今天,贾浅也让我有了做父亲的欣慰。因此,我祝福我的孩子,也感谢我的孩子。

女大当嫁,这几年里,随着孩子的年龄增长,我和她的母亲对孩子越发感情复杂，一方面是她将要离开我们，一方面是迎接她的又是怎样的一个未来？我们祈祷她能受到爱神的光顾，觅寻到她的意中人，获得她应该有的幸福。终于，在今天，她寻到了，也是我们把她交给了一个优秀的俊朗的贾少龙！我们两家大人都是从乡下来到城里，虽然一个原籍在陕北，一个原籍在陕南，偏偏都姓贾，这就是神的旨意，是天定的良缘。两个孩子都生活在富裕的年代，但他们没有染上浮华的习气，成长于社会变型时期，他们依然纯真清明，他们是阳光的、进步的青年，他们的结合，以后的日子会快乐、灿烂！

在这庄严而热烈的婚礼上，作为父母，我们向两个孩子说三句话。第一句，是一副老对联：一等人忠臣孝子，两件事读书耕田。做对国家有用的人，做对家庭有责任的人。好读书能受用一生，认真工作就一辈子有饭吃。第二句话，仍是一句老话："浴不必江海，要之去垢；马不必骐骥，要之善走。"做普通人，干正经事，可以爱小零钱，但必须有大胸怀。第三句话，还是老话："心系一处。"在往后的岁月里，要创造、培养、磨合、建设、维护、完善你们自己的婚姻。

今天，我万分感激爱神的来临，她在天空星界，在江河大地，也在这大厅里，我祈求她永远地关照着两个孩子！我也万分感激从四面八方赶来参加婚礼的各行各业的亲戚朋友，在十几年、几十年的岁月中，你们曾经关注、支持、帮助过我的写作、身体和生活，你们是我最尊重和铭记的人，我也希望你们在以后的岁月里关照、爱护、提携两个孩子，我拜托大家，向大家鞠躬！

范文二：

新郎父亲在婚庆宴会上致贺词

各位来宾、两位亲家：

大家好！

今天是我儿子××和××小姐结婚的大喜日子，我感到非常高兴和荣幸。高兴的是这对新人今天携手走进了婚姻的殿堂，开始了

第四章 婚礼
——兰舟昨日系，今朝结丝萝

他们新的生活。我们也算完成了一个光荣的任务。荣幸的是有那么多的亲朋好友和父老乡亲送来了他们真挚的祝福。在此，我谨代表双方的家长向这对新人表示衷心的祝福，同时，我也借这个机会，向多年来关心、支持、帮助我们全家的各位领导、各位同事、各位朋友表示最衷心的感谢！

结婚是人生的大事。也是每个家庭的大事。面对台上这对新人，面对台下这么多的亲朋好友，我送三句话给这对新人：一是希望你们互相理解，相互包容，在人生道路上同舟共济；二是要尊敬和孝敬你们的父母，你们结婚了，意味着你们的父母老了，他们更需要你们常回家看看；三是不断进取，勤奋工作，要用实际行动来回报社会、回报父母、回报单位。

最后，我还想感谢我的亲家，培养出了这么好的一个女儿，让我们拥有了这么好的一个媳妇。

借此机会，我再一次祝福这对新人生活幸福、互敬互爱，并且衷心祝福来参加婚礼的各位来宾身体健康，家庭幸福！

朋友征婚宴上的贺词

范文一：

新郎和新娘的多年同学兼好友在婚庆宴会上致辞

尊敬的各位领导、各位来宾、各位亲朋好友：

在这春意盎然，孕育希望的美好时节，××小姐和××先生，这对金童玉女，历经八年的激情相恋，今天终于春花盛开，合二为一。在这里，请允许我代表新郎新娘的所有亲朋好友和各位来宾，向他们表达我们心中最美好的祝福，祝福他们夫妻恩爱如胶似漆。美满幸福永享吉祥！

今天，是一个特别吉祥的日子，阳光因为他们而绚丽，红杏因为他们而绽放。今天，是一个可喜可贺的日子，新郎终于实现了他高中时期立下的"一定要把××追到手"的誓言。今天也是一个有着特殊意义的日子，"三八"妇女节，它彰显的是女权，预示他们这个小家庭，新娘将是一把手。

请看新娘，身形苗条，风姿翩翩，有如芙蓉娇艳美，赛过五彩金凤凰，新娘不仅温柔漂亮，而且聪颖脱俗，是××的资深教师。再看新郎，英俊潇洒，风流倜傥，浓眉大眼，落落大方，新郎不仅仪表堂堂，而且才华出众，是××办公室一位年轻有为的好青年。

××小姐和××先生的结合，真是郎才女貌，佳偶天成。在此，我用一首打油诗向他们表达我们的祝福：

情切切，意绵绵，鸾歌凤舞纵情欢，夜以继日抓生产，早生贵子香火传。

天苍苍，地煌煌，海枯石烂天地荒，富贵贫贱不两样，风雨同舟万年长。谢谢大家！

范文二：

新郎新娘的共同好友在婚庆宴会上致贺词

各位来宾：

今天的日子很普通，普通的日子里有一对普通人要结为夫妻。正是为了这普通，一个普通的朋友要来道一声普通的祝福。

一祝福小夫妻今后的日子过得美美满满，红红火火。××先生是一名党的宣传干部，××小姐是一名教师。党是阳光，教师是太阳底下最光荣的职业，有了太阳和阳光，他们婚后的生活一定会很温馨，火红的青春一定会很炽烈，生命之花一定会常开不败，绚烂多彩。

二祝福小夫妻今后要以心换心，心心相印。今天是星期三，心字正好有三点，这就是说，一个人的心并不完全属于自己，可以一分为三。三分之一给父母，三分之一给朋友，三分之一给爱人。一心三点，两人六心，因此，我还要以"六心"相赠，忠心献给祖国，孝心献给父母，爱心献给社会，痴心献给事业，诚心献给朋友，信心留给自己。

三祝福小夫妻永远恩恩爱爱，地久天长。××盼知音，××赏玉琴，这普通的婚礼进行曲就是翻新的《高山流水》。岚河水此刻

第四章 婚礼
——兰舟昨日系，今朝结丝萝

正在低吟浅唱，似在悄悄祝愿小夫妻一生平顺，万事遂心；大巴山早已银妆素裹，就像新嫁娘披上了洁白的婚纱，象征××、××的婚姻天长地久，白头偕老。

谢谢大家！

集体婚礼贺词

范文一：
集体婚礼主婚人在百对新人集体婚礼上致贺词

各位来宾、各位新人，女士们、先生们：

大家好！

佳人佳期结佳偶，新人新事新风尚。在这金风送爽、丹桂飘香的美好季节，在这紫云普度、天降祥瑞的大喜日子，百对新人相约新世纪，共聚古阳春，携手新生活，演绎凤求凰。在此，请允许我以主婚人的身份衷心祝贺喜结良缘的百对新人，衷心祝福笑逐颜开的新人家属，衷心欢迎喜形于色参加活动的各位领导，衷心感谢喜气洋洋热心参与的各位来宾！

十年修得同船渡，百年修得共枕眠。百对新人在市场弄潮中相遇相识，在天定缘分中相知相爱，今天终于好梦成真，收获爱情，踏上了幸福的红地毯，走进了神圣的婚姻殿堂！爱巢初筑，爱旅尚远。祝愿你们今日摆喜宴，明朝来喜福。希望你们在今后的人生旅途中，执手同心，永浴爱河，互敬互学互助，拥抱美好未来！

时代呼唤新生活，生活造就新观念。××年前，百对佳偶在新思潮涌动的上海滩首创集体婚礼，开启婚俗新风；今天，百对新人聚首充满现代气息的阳春广场举行百年婚典，共创时尚生活。集体婚礼的开展，对于推进婚俗改革、弘扬文明新风、建设和谐社会具有积极意义，必将给古老的江汉大地带来深远影响，并随着时代的发展绽放出新的异彩！

人间好句题红叶，天上良缘系彩绳，鸳鸯佳偶美景时，芝兰永谐结伉俪。天地为证，婚礼大成。最后，让我们再次把美好的祝福送给百对新人：愿你们钟爱一生，幸福美满，百事可乐，万事如意！

谢谢大家！

范文二：

五一集体婚礼嘉宾贺词

各位新人、来宾们、朋友们：

今天是"五一"国际劳动节，是我们全体劳动人民的节日，在这春暖花开的喜庆日子里，我代表市委、市政府，祝大家工作顺利、身体健康，特别祝愿参加今天青年集体婚礼的新人们婚姻美满、生活幸福！

今天，我们在这里为××对新人举办既隆重热烈又简朴文明的集体婚礼。这是市团委为进一步弘扬社会主义文明新风，发挥共青团组织引导青年、服务青年、教育青年的作用。在各族青年中倡导和谐温馨、积极向上、健康文明的生活方式，展示新一代青年人的精神风貌的具体实践行动。现在正是××旅游的黄金季节，在"五一"期间将会有全国各地的朋友云集我市，他们不但将感受到了我市无限美好的边城春韵、热情好客的民族风情，也将深深地感受到我市浓厚的青年文化氛围。可以说今天团市委举办的"相约五一·情缘一生"××第××期青年集体婚礼是为红山添彩、为边城增辉，提倡青年婚事新办的有效形式。

团市委自××××年举办青年集体婚礼以来，至今已有30多年历史，共为各族青年筹备了内容丰富、形式各异的集体婚礼××期，极大地丰富了我市青年的文化生活，为我市青年倡导移风易俗、追求文明生活方式、提高城市文明程度作出了积极贡献，发挥了共青团组织凝聚青年、服务青年、管理青年的职能，为我市的三个文明建设起到了积极的促进作用。今天参加集体婚礼的这××对新人是来自我市各行各业的青年新人，在投身我市的经济建设和社会发展的工作实践中相识、相知到相爱，他们在履行了婚姻登记的有关法律程序后，积极响应党和政府的号召，移风易俗、婚事新

第四章 婚礼
——兰舟昨日系，今朝结丝萝

办，参加市团委主办的集体婚礼。

在此，我非常高兴的受主办单位的邀请为这××对新人证婚，他们是：让我们向这××对新人的幸福结合表示最真挚的祝福和最衷心的祝愿！祝福他们白头偕老、永结同心！祝愿他们携手走过爱情甜蜜、充满幸福的人生！

新郎、新娘们。结婚是人生的一个转折，也是一个生活的新起点。今天你们正式组建了自己的家庭。这也意味着从此你们肩上多了一份责任。衷心希望你们在今后的生活中，发扬中华民族的传统美德，孝敬父母、勤俭持家；希望你们热爱本职工作，诚实劳动、勤劳致富；希望你们遵守国家法律、自觉执行计划生育的基本国策，优生优育；希望你们自觉维护民族团结。为把我市建设得更加繁荣、稳定作出更大的贡献！

最后，再一次祝大家节日愉快、工作顺利、身体健康！

贺词佳句赏析

◆愿你俩恩恩爱爱，意笃情深，此生爱情永恒，爱心与日俱增！

◆让这缠绵的诗句，敲响幸福的钟声。愿你俩永浴爱河，白头偕老！

◆相亲相爱好伴侣，同德同心美姻缘。花烛笑迎比翼鸟，洞房喜开并头梅。

◆相亲相爱幸福永，同德同心幸福长。愿你俩情比海深！

◆伸出爱的手，接往盈盈的祝福，让幸福绽放灿烂的花朵，迎向你们未来的日子。祝新婚愉快。

◆百年好合！新婚愉快，甜甜蜜蜜！早生贵子！

◆百年恩爱双心结。千里姻缘一线牵。

◆海枯石烂同心永结,地阔天高比翼齐飞。

◆相亲相爱幸福永,同德同心幸福长。愿你俩情比海深!

◆为你祝福,为你欢笑,因为在今天,我的内心也跟你一样的欢腾、快乐!祝你们。百年好合!白头到老!

◆珠联璧合洞房春暖,花好月圆鱼水情深。

◆今天是你们喜结良缘的日子,我代表我家人祝贺你们,祝你俩幸福美满。永寿偕老。

◆俗话说:"有缘千里来相会"。由于他们各自条件好,因此,一经相遇,就一见钟情,一看倾心,两颗真诚的心撞在了一起,闪烁出爱情的火花。他们相爱了,他们志同道合,他们的结合是天生一对,地作一双。在他们新的生活即将开始的时候,我希望新郎、新娘互谅所短,互见所长,爱情不渝,幸福无疆!

◆婚礼前,对于新人的祝词可用:志同道合、喜结良缘、百年好合、珠联璧合、比翼高飞、连枝相依、心心相印、同心永结、爱海无际、情天万里、永浴爱河、恩意如岳、知音百年、爱心永亘、白首偕老、天长地久。

◆婚礼日,对新人的祝词可用:恭贺新婚、婚礼吉祥、新婚大禧、结婚嘉庆、新婚快乐、龙凤呈祥、喜结伉俪、佳偶天成、琴瑟和鸣、鸳鸯福禄、丝萝春秋、花好月圆、并蒂荣华、幸福美满、吉日良辰。

◆花儿披起灿烂缤纷的衣裳,雍容而愉快地舞着,微风柔柔地吟着,唱出委婉动人的婚礼进行曲—敬祝百年好合,永结同心!

◆辛劳了半辈子,贡献了几十年,在这春暖花开的日子,恭贺您再婚之喜,正所谓"夕阳无限好、萱草晚来香"!

◆阳光明媚,歌声飞扬,欢声笑语,天降吉祥,在这美好的日子里,在这大好时光的今天,天上人间共同舞起了美丽的霓裳。今夜,星光璀璨,新郎和新娘,情牵一线,踏着鲜红的地毯,即将幸福地走进婚姻的殿堂,从此,他们将相互依偎着航行在爱的海洋。我作为新娘的领导与同事,此时也为他们激动不已,高兴不已,欢

第四章 婚礼
——兰舟昨日系，今朝结丝萝

喜不已。腊月初十，这个特别吉祥的日子。天上人间最幸福的一对将在今天喜结良缘。

◆忠心地祝愿你们：在工作上相互鼓励；在学习上相互帮助；在事业上齐头并进；在生活上互相关心、互敬互爱；在困难上同舟共济、共渡难关；在矛盾上多理解少激动、多冷静少猜疑；新娘要孝敬公婆、相夫教子；新郎要爱老婆如爱自己，但不要演变成怕老婆。最后再次祝福新郎××先生、新娘××小姐：你们要把恋爱时期的浪漫和激情，在婚姻现实和物质生活中，一直保留到永远。永结同心、白头到老。生活即将开始的时候，我希望新郎、新娘互谅所短，互见所长，爱情不渝，幸福无疆！

◆婚礼前，对于新人的祝词可用：志同道合、喜结良缘、百年好合、珠联璧合、比翼高飞、连枝相依、心心相印、同心永结、爱海无际、情天万里、永浴爱河、恩意如岳、知音百年、爱心永亘、白首偕老、天长地久。

◆婚礼日，对新人的祝词可用：恭贺新婚、婚礼吉祥、新婚大禧、结婚嘉庆、新婚快乐、龙凤呈祥、喜结伉俪、佳偶天成、琴瑟和鸣、鸳鸯福禄、丝萝春秋、花好月圆、并蒂荣华、幸福美满、吉日良辰。

◆花儿披起灿烂缤纷的衣裳，雍容而愉快地舞着，微风柔柔地吟着，唱出委婉动人的婚礼进行曲—敬祝百年好合，永结同心！

◆辛劳了半辈子，贡献了几十年，在这春暖花开的日子，恭贺您再婚之喜，正所谓"夕阳无限好、萱草晚来香"！

◆阳光明媚，歌声飞扬，欢声笑语，天降吉祥，在这美好的日子里，在这大好时光的今天，天上人间共同舞起了美丽的霓裳。今夜，星光璀璨，新郎和新娘，情牵一线，踏着鲜红的地毯，即将幸福地走进婚姻的殿堂，从此，他们将相互依偎着航行在爱的海洋。我作为新娘的领导与同事，此时也为他们激动不已，高兴不已，欢喜不已。腊月初十，这个特别吉祥的日子。天上人间最幸福的一对将在今天喜结良缘。

◆忠心地祝愿你们：在工作上相互鼓励；在学习上相互帮助；

在事业上齐头并进；在生活上互相关心、互敬互爱；在困难上同舟共济、共渡难关；在矛盾上多理解少激动、多冷静少猜疑；新娘要孝敬公婆、相夫教子；新郎要爱老婆如爱自己，但不要演变成怕老婆。最后再次祝福新郎××先生、新娘××小姐：你们要把恋爱时期的浪漫和激情，在婚姻现实和物质生活中，一直保留到永远。永结同心、白头到老。

第五章　开业

——隆声远布，兴业长新

开业庆典是一个经济实体实力的展示，走好关键的第一步尤为重要。要迈好这第一步，典礼活动方案及与之相关的主持词、贺词、迎宾词、祝酒辞等，无疑是挂"帅"点"将"，十分重要。

开业贺词之礼

开业庆典（又称开张庆典）主要为商业性活动，小到店面开张，大到酒店、超市、商场等机构开业，开业庆典不只是一个简单的程序化庆典活动，而且是一个商业机构体现经济实力、打出形象广告的第一步。它标志着一个经济实体的成立，昭告社会各界人士——它已经站在了经济角逐的起跑线上。开业庆典的规模与气氛，代表了一个工商企业的风范与实力。公司通过开业庆典的宣传，告诉世人，在庞大的社会经济体里，又增加了一个鲜活的商业细胞。

从客观上来看。一个单位的开业庆典，就是这个单位的经济实力与社会地位的充分展示。从来宾出席情况到庆典氛围的营造。以及庆典括动的整体效果，都会给人一个侧面的诠释。通常来说，人们习惯用对比的方法来看待开业庆典。比如某商场举行开业庆典，人们首先想到的是，与其同等规模的其他商场开业时的情形，对比之下，人们会对新开业的商场持有一种看法，也就是认知程度的问题。如果印象比较好。人们对商场的信赖程度就会提高，无形之中成为该商场潜在的顾客。

开业庆典是一个经济实体实力的展示，走好关键的第一步尤为重要。要迈好这第一步，典礼活动方案及与之相关的主持词、贺词、迎宾词、祝酒辞等。无疑是挂"帅"点"将"，十分重要。

开业典礼开始时。贺词者应向来宾简单致辞，向来宾及祝贺单位表示感谢，并简要介绍本企业的经营特色、经营目标、具体措施及未来展望等内容。接着，可安排上级领导和来宾代表在会上致贺词。整个讲话仪式应紧凑、简洁。

第五章 开业
——隆声远布，兴业长新

开业庆典贺词要求情绪饱满，感情激昂，以营造一种热烈、欢乐的氛围。致辞开头首先宣告××开业，然后对来宾的到来表示欢迎；主体一般是简单介绍一些公司或是组织的基本情况并对帮助顺利开业的人士表示感谢；结尾是庆祝顺利开业的语言。

开业贺词是表达情感的一类讲话，尤其要表达热烈庆贺、良好祝愿的情感。因此，一些贺词祝语，特别是一些传统的贺词祝语，更是被频频使用。如祝贺开业的致辞，经常使用开业大吉、生意兴隆、财源广进等。但使用传统的贺词祝语，要注意与时俱进，推陈出新，赋予鲜活的语言内容，以增强致辞的高雅格调。

开业剪彩典故

剪彩仪式，严格地讲，指的是商界的有关单位，为了庆贺公司的设立、企业的开工、宾馆的落成、商店的开张、银行的开业、大型建筑物的启用、道路或航线的开通、展销会或展览会的开幕等，而隆重举行的一项礼仪性程序。因其主要活动内容，是约请专人使用剪刀剪断被称之为"彩"的红色缎带上，故此被人们称为剪彩。

在一般情况下，在各式各样的开业仪式上，剪彩都是一项极其重要的、不可或缺的程序。尽管它往往也可以被单独地分离出来，独立成项，但是在更多的时候，它是附属于开业仪式的。这是剪彩仪式的重要特征之一。

剪彩，是20世纪以来才开始盛行的一种仪式。追根溯源，它最早起源于美国。

20世纪初叶，在美国的一个乡间小镇上，有家商店的店主慧眼独具，从一次偶然发生的事故中得到启迪，以它为模式开一代风气之先，为商家开业独创了一种崭新的庆贺仪式——剪彩仪式。

当时，这家商店即将开业，店主担心蜂拥而至的顾客在正式营业前耐不住性子，争先恐后地进入店内，将用以优惠顾客的便宜货抢购一空，而使守时而来的人们得不到公平的待遇，便随便找来一条布带子拴在门框上。谁料到这项临时性的措施竟然更加激起了挤在店门之外的人们的好奇心，促使他们想早一点进入店内，对行将出售的商品先睹为快。

正当店门之外的人们的好奇心上升到极点，显得有些迫不及待的时候，店主的小女儿牵着一条小狗突然从店里跑了出来，那条"不谙世事"的可爱小狗若无其事地将拴在店门上的布带子碰落在地。店外不明真相的人们误以为这是该店为了开张大喜所搞的"新把戏"，于是立即一拥而入，大肆抢购。让店主转怒为喜的是，他的这家小店在开业之日的生意居然红火得超出想象。

店主认为自己的好运气全是由那条被小狗碰落在地的布带子所带来的。因此，此后他旗下的几家连锁店陆续开业时，他便将错就错地如法炮制。久而久之，他的小女儿和小狗无意之中的"发明创造"，经过他和后人不断"提炼升华"，逐渐成为一整套仪式。它先在全美，后在全世界广为流传开来。在流传的过程中，它也被人们赋予了一个极其响亮的名字—剪彩。

还有一种传说：剪彩起源于西欧。古代，西欧造船业比较发达，新船下水往往吸引成千上万的观众。为了防止人群拥向新船而发生意外事故，主持人在新船下水前，在离船体较远的地方，用绳索设置一道"防线"。等新船下水典礼就绪后，主持人就剪断绳索让观众参观。后来绳索改为彩带。人们就给它起了"剪彩"的名称。

剪彩，在从一次偶发的"事故"发展为一项重要的活动程序，再进而演化为一项隆重而热烈的仪式的过程之中，其自身也在不断地吐故纳新，有所发展，有所变化。例如，剪彩者先是由专人牵着一条小狗来充当，让小狗故意去碰落店门上拴着的布带子；后来改由儿童担任剪彩者，让他单独去撞断门上拴着的一条丝线；再后来，剪彩者又变成了妙龄少女；到了最后，也就是现在，剪彩则被定型为邀请社会贤达和本地官员，用剪刀剪断礼仪小姐手中所持的

第五章　开业
——隆声远布，兴业长新

大红缎带。

剪彩者穿着要整洁、庄重，精神要饱满，给人以稳健、干练的印象。剪彩者走向剪彩的绸带时，应面带微笑，落落大方。当工作人员用托盘呈上剪彩用的剪刀时，剪彩者应向工作人员点头致意，并向左右两边手持彩带的工作人员微笑致意，然后全神贯注，把彩带一刀剪断。剪彩完毕，放下剪刀。应转身向四周的人鼓掌致意。

酒店、饭店开业庆典贺词

酒店、饭店是餐饮休闲场所，在此类单位的开业庆典上致辞，从内容上说，要健康、文明、高尚；从形式上说，要优美、雅俗共赏。致辞的开篇最重要，精彩的开篇等于成功的一半。

开篇要简短，用一两句话点明活动的主旨，表达谢意或贺喜等。但这一两句话不能讲得直白平淡，没一点气氛；而要讲得情感饱满，气氛浓烈，把人们的情绪调动起来。为了实现这样的讲话效果。致辞的开篇往往运用烘云托月的写法，先是进行一番渲染，把气氛调动起来，之后用一个承上启下的句式，引出主要话题。

如："金秋十月，清风送爽。今天，四面八方的朋友会聚在这里，都是为了庆祝一个共同的盛事。即凤凰大酒店开业庆典仪式！凤凰，是中华民旅古老传说中的鸟中之王，它雍容华贵，富贵吉祥。而今天，在我们欣欣向荣的××区，迎来了凤凰的到来！它，就是我们即将开业的凤凰大酒店！从此，龙飞凤舞，互依互助，共图大业，共创辉煌！它将引领我们造就斑斓春秋、锦绣繁华！"

有了好的开篇，如何让贺词的正文不落俗套，那就要与时俱进，让传统祝语富有时代性。致辞是表达情感的一类讲话，尤其要表达热烈庆贺、良好祝愿的情感。

因此，一些贺词祝语，特别是一些传统的贺词祝语，更是被频频使用。如祝贺开业的致辞，经常使用开业大吉、生意兴隆、财源广进等。"我们坚信，大酒店未来的发展是辉煌的，是美好的，但仍离不开各级领导、各位嘉宾、社会各界朋友一如既往地关心、支持和帮助，在我们共同的关心呵护下，大酒店全体员工一定能继续发扬在激烈的市场竞争和行业挑战中永不懈怠的拼搏精神，努力打造出大酒店的特色品牌。""喜庆的音乐,欢乐的歌声,缤纷的礼花,烘托出了一个喜气洋洋的热闹气氛,这是××的盛事,这是酒店界的盛典!让我们共同庆祝这一盛事,让我们共享这一美好的时刻!让我们共同祝愿并期待大酒店创造辉煌事业,拥有灿烂的明天!最后,祝大酒店骏业鸿开、客源如江!"

酒店开业祝酒辞要求情绪饱满,感情激昂,以营造一种热烈、欢乐的氛围。致辞开头首先宣告酒店开业,然后对来宾的到来表示欢迎;主体一般是简单介绍酒店的情况并对帮助酒店顺利开业的人士表示感谢;结尾是庆祝酒店顺利开业的语言。此外,祝酒的如果是酒店领导,还要在祝酒辞中说明以后的工作宗旨,并对消费者作出承诺。

酒店开业贺词范文佳篇

范文一:

某酒店开业庆典贺词

各位领导,各位来宾,各位女士、先生们,朋友们:

××酒店在各有关方面和在座各位的大力关心支持下,今天正式开业并举行庆典仪式。值此,我谨代表××酒店全体员工,对各位领导,各位来宾表示热烈的欢迎!对关心和支持××酒店发展的各位领导,各位朋友表示最诚挚的感谢!

××酒店位于××市××区中心地带,集商铺、办公、酒店、餐饮、休闲、娱乐于一体,按照×星级旅游涉外饭店标准投资兴建的新型综合性豪华商务酒店。值得一提的是,它是××首家客房内拥有干湿分离卫生间及景观阳台的星级酒店。其优越的地段、豪华的环境,优质的服务和智能化的配套设施,必将给您耳目一新的感受。它是顺应××特大型城市建设发展的精品建筑,是××区的地标,也是各商家投资、置业、理财的新途径。它是为适应市场和餐饮业的发展而建成的集餐饮、住宿、娱乐、承办会议为一体的综合性酒店。

××能有今天的发展,是全体员工辛勤工作的结果,更是各位

第五章 开业
——隆声远布，兴业长新

领导、各界朋友关心支持、大力帮助的结果。不忘老朋友，结识新朋友，是本店的一贯宗旨。今后，我们将不辜负大家的厚望，进一步强化内部管理，不断改善服务环境，努力提高服务水平，竭诚为广大客户提供高标准、规范化的优质服务。由衷希望新老朋友一如既往地关心、支持××酒店。

最后，让我再次对各位的光临表示衷心的感谢！祝各位来宾身体健康，家庭幸福，事业兴旺！

谢谢大家！

公司开业庆典贺词

公司开业典礼上的致辞分为两类：一是以主人的身份发表的讲话，这样的致辞也叫欢迎词；二是以来宾代表的身份发表的讲话，这样的致辞也叫贺词。前者致辞的主旨在于推广本单位、感谢来宾；后者致辞的主旨在于祝贺和鼓励。

以主人身份发表的贺词直接体现东道主对来宾的尊重，表现出友好交往的愿望，营造出和谐、愉悦的气氛，让客人有"宾至如归"的感觉，有利于之后开业庆典活动的顺利进行。

主人的贺词一般为礼节性的公关、外交辞令，忌长篇大论，宜短小精悍。当然，具体场合下，致辞的篇幅可以根据实际需要适当调整。

主人的欢迎致辞的主体包括以下两方面内容：一方面对来宾表达感谢，或是感谢××领导的指导；另一方面对来宾在活动过程中作出的贡献给予肯定，例如可以运用"××的实施离不开××的大力支持""希望××专家、××领导给予指导"等内容来表明致辞人的态度。如"今天是××公司一个值得纪念的喜庆日子，我们在这里庆祝××隆重开业,值此开业庆典之际,请允许我对××的开业表示热烈的祝贺;对远道而来专程参加我们庆典活动的各位领导、各位来宾、各界朋友表示热烈欢迎。"

而客人的贺词就要体现对于公司开业的祝贺,以及对于公司发展前景的展望和期望等。客人的贺词要短小、精悍。不可喧宾夺主。如"××董事长的致辞,简捷而又细致地勾画出了××有限责任公司的发展蓝图,作为与公司的发起企业——××市××有限公司有着长期合作关系的朋友,我为××的发展远景欢欣鼓舞,对与××的长久合作充满了美好的期待。""最后,祝愿××公司开业大吉、财源广进!祝开业庆典活动取得圆满成功!"

按照一般的要求,开业典礼上致辞的语言崇尚平实,不事委婉;崇尚质朴,不事华美,这也是礼仪致辞应当遵循的基本要求。但是,在各类开业典礼上我们不难发现,如果在致辞中加入一些富于文采、饱含情韵的文学化的句子,会使得致辞精彩出众。这些句子多为致辞者即景即情而作,也可以直接取之于诗词名句,或者对诗词名句改造化用,从形式到内容都给开业典礼增添了一抹别样的"亮色"。

公司开业贺词范文佳篇

范文一:
某公司董事长在开业庆典上的贺词

各位领导、各位嘉宾、各位朋友:

大家好!

今天是一个值得我们骄傲的日子,我市第一家保险代理有限公司正式开业。出席开业庆典的有市各保险公司的领导,市保险行业协会的领导以及工商、税务等政府有关部门的领导,还有为我公司的筹备给予大力支持的社会各界朋友。首先我代表公司向各位领导和朋友的光临表示衷心的感谢和热烈的欢迎!

××保险代理有限公司由中国保险监督管理委员会于××××年×月×日批准成立,经市工商局于××××年×月×日批准注册登记。它的成立,填补了我市长期以来没有专业保险代理机构的空

第五章 开业
——隆声远布，兴业长新

白。我公司将以"用质量赢得信誉，用服务赢得未来"的宗旨，竭诚为广大客户服务，为我市保险业健康稳定的发展作出应有的贡献，为每一个家庭、每一个企业能够在保险的充分保障下安定地生活、稳健地发展作出我们的贡献。

我公司的成立离不开市政府各部门和各家保险公司的帮助，离不开社会各界朋友的支持，希望在座的领导和朋友们能继续给予我们关注和帮助。我们将把你们的关注当做我们的动力，努力进取，锐意创新，使我们公司的产品能够更好地得到客户的认可，让我们的服务惠及广大客户。在此，我代表公司的全体员工对给予我们帮助和支持的各位领导、各位朋友再次表示感谢！

最后，祝各位领导及朋友身体健康，工作顺利，家庭幸福，万事如意！

谢谢！

范文二：

某公司开业庆典上的嘉宾贺词

各位代表、各位来宾朋友：

沐浴着和煦的阳光，享受着清爽的秋风，我们相约来到舒适怡人的××酒店，参加××医药中心的开业盛典，喜乐之情难以言表。刚才，集团、中心、医药主管部门和政府领导的发言与讲话，简洁而又细致地勾画出了××医药中心的发展蓝图，作为有着长期合作关系与深厚友谊的医药行业同仁，我们为中心的发展远景欢欣鼓舞，对与中心的长久合作充满了美好的期待。在此，我谨代表参加会议的医药行业同仁，对中心的成立表示最诚挚的祝贺！

××药业集团和××医药有限公司都是我们与会企业的长期合作伙伴。多年来，我们之间在互通有无、相互合作、共同发展的旗帜下，走过了艰苦而又充满友谊的合作之路，各自都在这种良好的氛围中得到了不同程度的发展壮大。

今天，目睹××医药集团与××医药事业发展，我们感到由衷的高兴，同时也寄予深深的祝福，祝愿新诞生的××医药中心在为人民健康事业奋斗不息的征途中，一步一个脚印地发展壮大。作为你们的坚强后盾,我们将一如既往地为中心的发展提供无私的帮助与支持,并借助于中心这个平台,实现工商、商商及医疗单位的密切合作,共创医药经济的美好未来,为人民健康事业的发展作出新的、更大的贡献!

相信在不久的将来,它必定能凭借有利的地势,稳步发展,客源倍至,财源滚滚,事业欣欣向荣,成为周边医药业的表率,实现经济的腾飞!

最后,祝××医药中心开业盛典圆满成功!

谢谢大家!

文艺、公益性组织成立庆典贺词

文化、公益机构的开业典礼少了几分商业气息,多了几分人文关怀。贺词既要讲究修辞,让语言富有文采,又要丰富风趣,让说理生动起来。此类贺词免不了要进行议论,以表明自己的观点和看法。但贺词中的议论,不宜抽象枯燥,把理说得老气横秋、呆板沉闷,而往往要做到生动活泼、富有趣味。

文艺性机构开业的庆典具有深层次的文化气息,贺词要引经据典、措辞优美、典雅。如:在梅氏根亲文化研究会成立上的贺词,"金秋十月,鲜花绽放,丹桂飘香。今天,我们来自海内外的梅氏后裔,欢聚河南信阳,共庆中国信阳梅氏根亲文化研究会的成立。中原地区乃华夏民族之摇篮、中华文化发祥地。厚重黄土育我梅氏先祖。汝淮之水滋其枝繁叶茂。梅颐、梅陶名垂史册,梅娟、梅思祖封地于斯,故中华梅氏素有'汝南梅氏'之美称,这是黄淮中原梅氏的荣耀。是先祖馈赠的精神财富。文化系民族之魂、宗族之源。信阳梅氏宗亲响应"弘扬中华文化,建设中华民族精神家园"的号召,成立根亲文化研究会,追根溯源,教亲睦族,弘扬传统文

第五章 开业
——隆声远布，兴业长新

化，传承家族精神，这是德披后世、光烛千秋之义举，作为每一个热爱家族的梅姓子孙，都应该给予积极赞扬与大力支持。"

"'梅魂绝俗，梅裔雄奇，傲岸籍秀，匡世济时。'我们是梅的子孙，任何艰难困苦，冰雪严寒都阻挡不了含笑报春的步伐。我坚信，只要海内外一千多万梅家儿女，同心同德，众志成城，梅氏家族一定会在振兴中华民族的伟大事业中，走在现代社会的前列！"

这样的贺词就体现了梅氏宗族的深远历史背景，又体现了人们对弘扬传统文化的厚望与期待。

而对于公益性组织的贺词要说明此机构的活动组织、组织活动的意义，向人们发出号召，希望人们积极参与到活动中来。此类贺词要有感染力和号召力，以达到调动人们积极性的目的。

由此可见，贺词中的议论一般不用概念、判断、推理式这些逻辑说理方法，而是采用一些特有的说理方式，如趣说、别解等，把严肃的话题说得趣味盎然，以增强致辞的雅趣。

文艺、公益性机构贺词佳篇

范文一：

某诗社成立庆典的贺词

尊敬的各位领导、嘉宾和诗社社员：

火红的五月，百草丰茂，万象蓬勃。这既是播种希望的美好时节，也是期盼收获、守望果实的黄金季节。在这美好的时刻，株洲南楚诗社草蜢分社今天在这里正式挂牌成立了！嘉宾聚会，满院生辉。这是醴陵文坛的一桩盛事。仙山脚下，渌水之滨，一批勤于笔耕、乐于创作的诗词高手走到了一起，为弘扬国粹、鼓吹开创而摇旗呐喊，醴陵文坛又增添了一道亮丽的风景线。借此机会，我谨代表新成立的南楚诗社草蜢分社，对各位领导莅临指导表示最衷心的感谢！对各位嘉宾和诗社社员的光临表示最热烈的欢迎！同时也代表醴陵市档案史志局对株洲南楚诗社草蜢分社的正式成立表示最热烈的祝贺！

醴陵古居吴楚咽喉，扼湘东门户，历为湖湘胜区，自古文人荟萃，史册流芳。这里古有红拂女流传佳话于百姓唇齿之间，朱熹、左宗棠等名硕俊彦讲学论道于草蝍书院，近有宁太一忧同忧民抛洒满腔热血，左权叱咤风云抗击倭寇威震华夏。还有李立三、耿飚、宋时轮、程潜、陈明仁、汤飞凡、黎澍等名流贤达均是有口皆碑。

当今，醴陵这块热土更是山川俊美，物阜民淳，交通便捷，经济活跃，以"瓷城""花炮之多"驰誉八方。这些都构成了这里深厚的历史文化底蕴，也为文学艺术创作提供了丰富的素材。

诗词艺术，作为中华文化的瑰宝，自古至今蕴含着独特的艺术魅力，闪烁着诗人们睿智的思想火花。诗词王国，绮词丽句，字字珠玑，篇篇锦绣。历为阳春白雪、流芳后世之佳作。进入诗词艺术的宫殿，可尽情地畅抒情怀，感悟生活，陶冶情操，在高雅的艺术境界里品味优美的精神食粮。正所谓雅兴所至至，异彩纷呈。

值此改革开放不断推向纵深、社会经济空前繁荣之际，各位诗社同仁会聚一堂，共同打造一个诗词创作的平台。我热诚地希望，我们的草蝍诗社在众多仁人贤达的关爱呵护下不断发展壮大。希望诸位步先贤之圣迹，展学子之才情，激发灵感，拓宽视野，笔耕不止，在诗词艺术园地不断取得丰硕成果。用诗的语言和优美韵律，或抒激情以讴歌壮美山河，或用妙笔去赞美建设成就，或寄幽情来歌咏人文历史，或抒胸臆而敢于惩恶扬善。尽可广采博记，古调新弹，采风吟啸，统领风骚，达到播新声于故里、谱华章于九域的效果。特别是我市作为物华天宝、人文荟萃之地，有许多珍贵的文化典籍尚尘封在历史的记忆中，也有待于各位潜心发掘整理。以期发扬光大。

总之，希望众位志士贤达，不坠青云之志，再展笔底雄风，为醴陵诗词艺术创作开拓出一片璀璨的艳阳天！

范文二：

某慈善总会成立大会上的贺词

尊敬的各位来宾、各位会员、同志们：

今天，我们在这里隆重召开××县慈善总会成立大会，这是我县慈善事业发展史上的大事。也是我县精神文明建设的重大成果。

在此，我代表县委、县政府对县慈善总会的成立表示热烈的祝贺！并向热心慈善事业、为我县慈善事业发展作出贡献的各位领导、社会各界人士及工作人员表示衷心的感谢！

借此机会，就我县慈善事业的发展提几点希望与要求：

一是大力支持慈善总会的工作。各级政府要高度重视慈善事业，支持慈善组织的工作，主动为慈善机构解决实际困难，支持他们开展各种活动。各级领导应当积极带头参与慈善活动，为群众树立榜样。政府各部门要为慈善事业发展营造宽松的环境。要加大对慈善事业的宣传力度，采取多种形式，大力宣传发展慈善事业的作用和意义，不断增强广大民众的慈善意识，调动大家参与慈善活动的积极性和自觉性。要广泛发动社会各界知名人士关心支持慈善事业，开展丰富多彩的慈善宣传活动，使广大民众了解慈善事业，支持慈善事业，积极参与慈善事业。

二是积极开展多种形式的募资活动。慈善事业是社会大众的事业。每个公民都有责任和义务，要有钱出钱，有力出力，为扶危济困奉献爱心。要发动社会各界特别是企业界、金融界等有经济实力的单位，慷慨解囊，捐资慈善事业。要充分宣传和利用政府各种优惠政策，给捐助者以应有的荣誉。要广开慈善资源，加强与其他地区慈善机构和企业家的联系合作，扩大我们自身的影响，争取更多的支持帮助。

同志们，这次大会的召开，标志着我县慈善事业的发展有了一个良好的开端。我相信，在第一届慈善总会理事会的带领下。在各位代表的共同努力下，在社会各界的支持帮助下，××的慈善事业一定会大有作为！

奠基、竣工、挂牌庆典贺词

工程奠基仪式可以说是工程正式启动前的一个序幕。这类活动的致辞，首先要对支持此项工作的各级领导、各单位表示衷心的感谢；其次要对以后的工作进行简单的安排；再次要用鼓舞性的语言来调动工作者的积极性，表明完成此项工程的信心；最后要表达对该项目早日竣工的祝愿。

工程竣工致辞，开头要对在工程中辛勤付出的广大职工表示衷心的感谢；主体可以由致辞人自行安排，一般是介绍工程实施的整个过程或是工程实施的意义等；结尾一般是表态，比如"以××为契机，不断××，为实现××的发展，努力奋斗"等。

成立挂牌仪式致辞，开头部分要对各位来宾的到来表示热烈的欢迎，主体部分要对公司成立之前遇到的困难以及现在做出的成绩进行介绍，结尾部分一般是表达祝愿。此类致辞要感情饱满、情绪激昂，能引起致辞对象的关注。

奠基仪式

范文一：

市领导在医院奠基仪式上致辞

各位来宾、各位领导、同志们：

丹桂飘香硕果累，××奠基报佳音。在这金秋十月，孕育收获与希望的美好季节，我们十分欣喜地迎来了××医院奠基的欢庆时刻。首先，我代表××党委、政府和××市××万人民向××医院奠基表示热烈的祝贺！向投资建设××医院的各位领导和各位股东致以崇高的敬意和衷心的感谢！

××医院是我市招商引资中联系最快、达成协议最快、投资最快的一个股份制民营项目，是由××控股、我市一些股东合资建设的，投资规模之大，规划之超前，在市级医院中屈指可数。

××医院的奠基，预示着一个环境优美、设备优良、技术精湛、服务一流的医疗保健机构的诞生。它的建设，填补了市级医院民营化的空白，开创了我市乃至全省医疗机构民营化发展的先河，更打破了我市民营企业项目单一化的格局，为我市民营经济多元化发展奠定了坚实的基础。它的建设，将直接改善我市群众治病就医

第五章　开业
——隆声远布，兴业长新

的条件，提高全市医疗保健水平，为我市的周边乡镇的群众求医治病带来极大方便，对我市经济发展和文明建设起到巨大的推动作用，将成为我市医疗卫生发展史上的一个重要里程碑。

市委、市政府将以百倍的热情、有求必应的承诺，为××医院的建设服务。一定大开方便之门，想其所想，急其所急，办其所需，解其所难，扫除一切障碍，促其顺利建设。一定创造一个无比温馨、和谐、适宜的发展环境，使其快速建设，迅速发展，早日投入使用，早日为群众服务。下一步，我们将"以××医院的建设为契机，进一步加大招商引资力度，广开招商引资之门，竭力优化环境，全力招商引资。争取引来更多、更大、更新、更具市场竞争力的好项目，推动经济蓬勃发展，给××市经济发展史点重笔，着浓彩，再写辉煌篇章。

良好的开端预示着成功。让我们共同祝愿××医院建设顺利，万事大吉，早日成为独树一帜的杏林奇葩！

谢谢大家！

范文二：
集团有限公司领导在某集团合资项目
新厂房奠基仪式上致辞

尊敬的各位领导、各位来宾，女士们、先生们：
大家上午好！

首先，我代表XX集团有限公司向光临今天"XX合资项目新厂房奠基仪式"的领导和嘉宾表示热烈的欢迎和衷心的感谢！

今天，我们迎来了"××和××合资项目新厂房奠基仪式"隆重的喜庆时刻。在此，我谨代表××集团××名员工向各级领导、各位嘉宾致以最诚挚的感谢！

当前，在世界经济全球化形势的驱使下，区域经济结构正处于巨大的变革之中，中国经济已经融入经济一体化的大潮，并对制造业的发展产生着深远的影响。今后一段时期，是中国实施第三步战略部署的重要时期，要提高人民的生活水平，就必须迅速提高人民生存和生活质量的重要物质基础，那就必须加快制造业的发展。同时，加入WTO以来，世界制造业的重心正在向中国转移，这必将使中国成为制造业的出口大国，从而，为我们制造业的发展带来难得的发展机遇。

正是在这种良好的背景下，我们集团借助于××年发展积累下来的优势和经验，投资兴建××机电工程。我们集团有限公司创建于××年，现拥有×家控股上市公司，××家子公司，总资产××亿元，主要经营电机及自动化、房地产、金融商贸投资等。当前，集团下属的工业园已经顺利建成并全面投产。为实现集团更大的发展，积极打造我们品牌机电行业制造业的基地，在市委、市政府和各级领导的关心支持下，经过多次论证及深思熟虑，我们的品牌将在我们今天站立的这块地方，通过三年的努力，形成以制造业为主体、以机电产业为主要产业链、以机电配套企业为延伸产业链的机电产品区域经济。争取在××年。实现机电工程销售收入××亿元、利润××亿元的产业规模。

××和××合资项目，是我们公司机电工程的第一个顺利奠基项目，我相信，明年的这个时候，在我们所在的这个地方，××和××合资项目将初见成效。同时，以打造世界机电制造业基地为己任的集团将会在这里加速起步、腾飞。

祝××和××合资项目新厂房奠基仪式圆满成功！

谢谢！

竣工庆典

范文一：

县领导在某县年度重点工程竣工仪式上致辞

尊敬的各位领导、各位嘉宾，女士们、先生们：

涪江河畔歌如潮，子昂故里传捷报。值此我县被省委、省政府确定为本区示范县一周年之际，我们在这里隆重举行我县××××年度重点工程竣工仪式。首先，我谨代表县委、县人大、县政府、县政协和百万××人民，向莅临××的各位领导、各位来宾表示诚挚的欢迎和衷心的感谢！向竣工的业主单位表示热烈的祝贺！向为工程建设付出辛勤努力的同志们表示亲切的慰问!

一年来。我们紧紧抓住建设省级示范县的历史机遇,着力加快示范县建设,全县呈现出经济发展、政治和谐、社会进步的良好局面。这次竣工开工的重点工程就是其重要标志。

举行这次重点工程竣工仪式,是对一年来我县示范县建设的大总结,是对重点工程的大检阅,对对外形象的大展示。借此凝聚人心,鼓舞士气,再掀示范县建设新高潮!

各位领导、各位朋友,我们深知,这些成绩的取得,饱含着广大干部群众的辛勤汗水,以及各位领导的心血智慧,凝聚着八方朋友的倾情关注,你们对这方热土的眷顾和关爱将永载史册。我们坚信,有省市的正确领导,有各级的大力支持,有社会各界的热心帮助,有××人民的艰苦奋斗和雄心壮志,××一定能够继往开来,创造更加辉煌的业绩!建设示范县、率先达小康的宏伟目标一定能够顺利实现!

最后,祝各位领导、各位嘉宾在××期间心情愉快,幸福安康!

谢谢大家!

范文二:

××县县委书记公路竣工剪彩仪式贺词

各位领导,同志们:

今天,××路正式竣工通车了,这是一件多么鼓舞人心的喜事!在此,我代表中共县委、县人民政府对××路的建成通车表示热烈的祝贺!向奋战在道路建设一线、付出辛勤劳动的广大干部职工致以诚挚的问候和崇高的敬意!向给予该工程大力关心、支持的企业家、及有关部门的负责同志、社会各界人士表示衷心的感谢!

近年来,在市委、市政府的正确领导下,在全县干部职工的努力奋斗下,我县的城市建设取得了一定的成绩。全县将完善道路建设作为发展经济建设、优化投资环境的工作重点,先后完成了××路、××路、××路等城市主干道路的扩建工程,使我县的经济发展有了更好的交通保障。我县在道路建设工作上不断加大投资力度，加快建设步伐，新建成的××路是我县重点建设的工程，是我县又一条高标准的城市主干道路。××路位于我县工业集中区，将会为我县工业产品的运输提供便利的条件。

目前，我县城市道路形成了集绿化、美化于一体的新格局，不但使我县的城市面貌发生了巨变，更是让我县的投资环境日臻完善，有力地促进了全县经济社会的快速、健康、协调发展。我们在今后的工程建设中。希望各承建单位要以此次工程建设的质量为标准，继续严抓质量，高标准、严要求地开展工作，力争每一项工程都成为我县乃至我市、我省的精品工程，为我县经济社会的发展贡献你们的力量。

我们县委、县政府也要以此次××路的建成为契机，艰苦奋斗，继续带领全县群众发展经济，不断加强我县基础设施建设，进一步优化投资环境。为促进全县经济更快更好地发展。构建社会主义和谐社会而努力奋斗！

谢谢大家！

挂牌仪式

范文一：

某领导在新社区工作站挂牌仪式上的贺词

尊敬的各位领导、各位来宾：

在这春暖花开的季节里，我们在此隆重举行新社区工作站挂牌仪式。

首先，我谨代表党支部、工作站和社区全体居民对各位的到来表示热烈的欢迎！对为新区工作站顺利挂牌作出贡献的朋友们表示诚挚的谢意！在这个令人激动的时刻，我对新社区工作站今后的工作提几点希望：

第一，希望新社区有新面貌。社区工作站对提升城市整体公共服务水平有着积极的促进作用。新社区工作站应该成为为群众排忧解难的阵地。

我相信新社区工作站的全体干部职工都能认识到社区工作的重

第五章　开业
——隆声远布，兴业长新

要性，并以崭新的精神面貌投入到社会管理和公共服务的工作中来。

第二，希望新社区有新队伍。社区工作直接影响着人民群众的生活，所以，社区工作也要与时俱进。希望社区工作站的干部职工能够精诚团结、上下一心，为社区居民提供更优质的服务。我们也希望有更多的年轻人加入到社区工作中来，为社区工作队伍注入新的活力，使我们的社区工作更上一个台阶。

第三，希望新社区有新成就。我们要在工作中不断探索新的、合理有效的工作方法，努力打造一支科学规范、高效运作的团队，大力开展惠民利民的社区服务，想人民之所想，急人民之所急。将我区的社区建设推到一个新的高度。

同志们，新工作站的设立是一项顺应民心、顺应城市发展、顺应时代潮流的惠民工程。我们要不断开拓进取，进一步完善社区管理体制和服务机制。我相信，在街道党工委的正确领导下，在大家的共同努力下，我们一定会给社区居民一个安定、和谐的生活环境！

谢谢大家！

范文二：

××有限责任公司董事长在公司成立挂牌仪式上的贺词

各位来宾、各位朋友：

大家上午好！

时光荏苒，岁月如歌，新的一年已悄然来临。今天，我们的心情是如此的激动，××有限责任公司今天成立了。在此，我代表公司全体员工向亲临我公司挂牌仪式指导工作的各位领导表示衷心的感谢！向前来祝贺的各兄弟单位和各位来宾表示热烈的欢迎！对一直关心、帮助我公司成立的各位朋友表示感谢！

在市委、市政府提出要做大做强××行业的号召下，我公司应运而生。按照市委、市政府的要求，结合我市市场的发展前景，我公司制定了"多产业相结合，提高科技含量，提升整体质量"的发展战略。在未来的发展运营中,我们会不断加大科技投入,全面提高企业员工素质,使公司早日成为我市经济发展的新阵地。

"雄关漫道真如铁,而今迈步从头越。"今天的挂牌仪式是我公司发展的起点。面对未来,我们将坚持从实际出发,坚持以人为本,将我公司打造成为具备强劲竞争力的现代企业,为我市经济社会的发展作出更大的贡献!

谢谢大家!

贺词佳句赏析

◆万民便利;百货流通。

◆兴隆大业;昌裕后人。

◆升临福地;祥集德门。

◆萃集百货;丰盈八方。

◆同行增劲旅;商界跃新军。

◆开张添吉庆;启步肇昌隆。

◆利泽源头水;生意锦上花。

◆货好门若市;心公客常来。

◆财源通四海;生意畅三春。

◆货畅其流通四海;誉取于信达三江。

◆迎八面春风志禧;祝十方新路昌隆。

◆三江顾客盈门至;百货称心满街春。

◆财如晓日腾云起;利似春潮带雨来。

◆五湖奇迹陶公业;四海交游晏子风。

◆根深叶茂无疆业;源远流长有道才。

◆事与人便人称便;货招客来客自来。

第五章 开业
——隆声远布，兴业长新

◆凤律新调三阳开泰；鸿犹丕振四季亨通。

◆荷叶承雨财气益盛；藕根连绵店门呈盈。

◆气爽天高经营伊始；日增月盛利益均红。

◆顾客如川川流不息；生财有道道畅无穷。

◆奇货任流通大地何论南北；商场尽发达中华不分东西。

◆品类繁多倾注主人殷殷意；价格低廉吸摄顾客颗颗心。

◆四面八方客来客往客不断；十全九美货进货出货无存。

◆举鹏程北汇南通干端称意；祝新业东成西就万事顺心。

◆兴旺发达，文明待客生意沟通四海；繁荣昌盛，礼貌经商财源融汇三江。

◆在贵公司乔迁开业喜庆之际，我们向贵公司表示最热烈的祝贺！我们衷心地希望贵公司生意兴隆，生意长久！

◆祝贺你开业兴隆，财兴旺。财源茂盛，达八方。事业顺利，福高照。日进斗金，门庭闹。

◆幽香拂面，紫气兆祥，庆开业典礼，祝生意如春浓，财源似水来！

◆开业之际送上我诚挚祝贺，情深意重，祝你在未来的岁月，事业蒸蒸日上，财源广进！

◆根深叶茂无疆业，源远流长有道财。东风利市春来有象，生意兴隆日进无疆。

◆送你一个吉祥水果篮，低层装一帆风顺；中间放财源滚滚；四周堆满富贵吉祥；上面铺着成功！祝开业大吉！

◆地上鲜花灿烂，天空彩旗沸腾。火红的事业财源广进，温馨的祝愿繁荣昌隆，真诚的祝福带动着跳跃的音符，为您带去春的生机，在这美好的日子里，祝您生意兴隆！万事如意！

◆生意开张了，祝愿你的生意财源滚滚，如日中天，兴旺发达，开张大吉啊！

◆顾客如川川流不息；生财有道道畅无穷。

◆奇货任流通大地何论南北；商场尽发达中华不分东西。

◆品类繁多倾注主人殷殷意；价格低廉吸摄顾客颗颗心。

◆四面八方客来客往客不断；十全九美货进货出货无存。

◆举鹏程北汇南通干端称意；祝新业东成西就万事顺心。

◆兴旺发达，文明待客生意沟通四海；繁荣昌盛，礼貌经商财源融汇三江。

◆在贵公司乔迁开业喜庆之际，我们向贵公司表示最热烈的祝贺！我们衷心地希望贵公司生意兴隆，生意长久！

◆祝贺你开业兴隆，财兴旺。财源茂盛，达八方。事业顺利，福高照。日进斗金，门庭闹。

◆幽香拂面，紫气兆祥，庆开业典礼，祝生意如春浓，财源似水来！

◆开业之际送上我诚挚祝贺，情深意重，祝你在未来的岁月，事业蒸蒸日上，财源广进！

◆根深叶茂无疆业，源远流长有道财。东风利市春来有象，生意兴隆日进无疆。

◆送你一个吉祥水果篮，低层装一帆风顺；中间放财源滚滚；四周堆满富贵吉祥：上面铺着成功！祝开业大吉！

◆地上鲜花灿烂，天空彩旗沸腾。火红的事业财源广进，温馨的祝愿繁荣昌隆，真诚的祝福带动着跳跃的音符，为您带去春的生机，在这美好的日子里，祝您生意兴隆！万事如意！

◆生意开张了，祝愿你的生意财源滚滚，如日中天，兴旺发达，开张大吉啊！

第六章 周年

——寰宇八方传捷报,周年四季颂东风

《淮南子·道应训》:"墨者有国鸱者,欲见秦惠王,约王申辕留於秦,周年不得见。"《宋书·孔琳之传》:"锦帛易败,势不支久。又昼以御寒,夜以寝卧,曾不周年,便自败裂。"

周年致辞成功的秘诀唯有"热情"二字。致辞者的热情可以"引爆"听众的情绪,热烈的话语会在听众的心里掀起层层热浪,让人热血沸腾,群情激昂,情不自禁地欢呼喝彩。

周年庆礼仪

周年庆典的礼仪，即有关庆典的礼仪规范，是由组织庆典的礼仪与参加庆典的礼仪等两项基本内容所组成的。以下，对其分别予以介绍。

组织筹备一次周年庆典，要对它作出一个总体的计划。办好周年庆典需要记住两大要点：其一，要体现出庆典的特色；其二，要安排好庆典的具体内容。毋需多言，周年庆典既然是庆祝活动的一种形式，那么它就应当以庆祝为中心，把每一项具体活动都尽可能组织得热烈、欢快而隆重。不论是举行庆典的具体场合、庆典进行过程中的某个具体场面。还是全体出席者的情绪、表现。都要体现出红火、热闹、欢愉、喜悦的气氛。唯有如此，庆典的宗旨——塑造本单位的形象、显示本单位的实力、扩大本单位的影响。才能够真正地得以贯彻落实。

参加周年庆典时，不论是主办单位的人员还是外单位的人员，均应注意自己临场之际的举止表现。其中。主办单位人员的表现尤为重要。

在举行庆祝仪式之前，主办单位应对本单位的全体员工进行必要的礼仪教育。对于本单位出席庆典的人员，还需规定好有关的注意事项，并要求大家在临场之时，务必严格遵守。在这一问题上，单位的负责人，尤其是出面迎送来宾和上主席台的人士。只能够"身先士卒"。而绝不允许有任何例外。道理非常简单，因为在庆祝仪式上，真正令人瞩目的，还是东道主方面的出席人员。假如这些人在庆典中精神风貌不佳，穿着打扮散漫，举止行为失当，很容易

第六章 周年
——寰宇八方传捷报，周年四季颂东风

对本单位的形象进行"反面宣传"。

外单位的人员在参加庆典时，同样有必要"既来之，则安之"，以自己上佳的临场表现，来表达对主人的敬意与对庆典本身的重视。倘若在此时此刻表现欠佳，是对主人的一大伤害。所以宁肯坚辞不去，也绝不可去而失礼。

外单位的人员在参加庆典时，若是以本单位代表的身份而来，而不是仅仅只代表自己的话，更要特别注意自己的临场表现，丝毫不可对自己的所作所为自由放任。

国庆周年庆典贺词

某县领导在国庆周年庆典的贺词

同志们、朋友们：

金秋十月，丹桂飘香，全国上下，一片欢腾。今天，我们在此欢聚一堂，共同庆祝我们伟大的祖国成立××周年。首先，请允许我代表县委、县人大常委会、县政府、县政协，向全县各族人民致以节日的祝贺！向默默无闻，辛勤工作在各自岗位上的同志表示亲切的慰问！向一直以来关心、支持×××县经济建设和社会事业发展的各界朋友表示衷心的感谢！

祖国××载的峥嵘岁月，记载着中华优秀儿女们的光辉历程，东方瑰丽的大地上，耸立起一个不朽的国度——中国！中国在共产党带领下，再也不是那头"睡狮"，今天的它正经历着日新月异的变化，综合国力大大增强，人民生活显著改善，国际地位日益提高。回顾××年的历程，我们为自己是一名中国人感到无比自豪！我们为伟大祖国所取得的辉煌成就感到无比光荣。

我们××县是闻名的革命老区，在××时期，××、××等老一辈无产阶级革命家率领红军在这里进行过艰苦卓绝的革命斗争，建立了苏维埃政权，召开了具有深远历史意义的××会议，对于新中国的建立起到了至关重要的作用。如今的××县继续发扬我党光荣而优良的革命传统，经县政府的正确领导及全县各族人民的共同努力，经济社会发展取得了令人瞩目的巨大成就，城乡面貌发生了巨大的变化，城镇设施不断加强，城市功能不断完善，县城建设初具规模；城乡路网日臻完善，人居环境明显改善，基础设施得到加强；各项改革稳步推进，对外开放逐步扩大，发展活力显著增强；科教创新稳步推进，文体活动蓬勃开展，医疗条件明显改善；各项事业协调发展，整个社会文明进步，人民生活蒸蒸日上。

回顾过去，我们踌躇满志；展望未来，我们豪情满怀，让我们携起手来，更加紧密地团结在以习近平同志为总书记的党中央的周围，同心同德，团结拼搏，为推进小康建设进程，实现祖国的繁荣、稳定、文明与进步而不懈奋斗！

校庆盛典贺词

校庆典礼上，通常会安排本校的领导、学校老师，以及老校友、上级领导等嘉宾致辞，一场庆典通常有多人致辞，讲稿一定要符合讲者身份，避免雷同，如果千篇一律，就会令听者生厌。校庆致辞不可缺少的一个内容就是回顾学校历史，这一部分是最容易重复雷同的。如何避免这种情况呢？对策唯有"以情感人"。

无论是本校的领导、学校老老师，还是老校发、上级领导，每个角色对学校的感情是不同的：有的一方面为学校的悠久历史感到骄傲，同时又肩负着振兴学校的责任，荣誉与压力并存；有的将一

第六章 周年
——寰宇八方传捷报，周年四季颂东风

生中最美好的时光留在了学校，学校早已成为他们人生中不可分割的一部分；有的对学校满怀深情，感念至深；有的对学校大力支持，充满期待。以情为本，以情感人，从这点出发，贺词便能出奇制胜。

校庆贺词佳篇

范文一：

校友在东北工程技术学校 20 周年校庆上致贺词

尊敬的校领导、老师，全体同学：

北国的金秋。正是丰收的季节。

时值欢庆第 19 个教师节之际，又迎来了母校 20 周年校庆。在这双喜临门的日子里，我怀着激动的心情又回到了母校。请允许我代表历届毕业的同学们，向母校 20 年校庆表示热烈的祝贺，向辛勤教育和培养我们的校领导、老师表示诚挚的谢意。对他们热情关怀、辛勤耕耘和无私奉献的精神致以崇高的敬意！

时光如梭，光阴似箭。转眼间，我们已离别母校 16 个年头了。从返回母校、踏进校门的那一刻，三年在校愉快而紧张的学习生活又历历在目，记忆犹新。曾记得既慈爱又严厉的各位校领导，也记得曾与我们朝夕相处、循循善诱的各位班主任老师，还记得传授基础知识和专业知识的各科老师，又记得精心为同学们服务的师傅们。三年的专业技能学习是美好的，三年的学校生活令我们终身难忘。我们从这里起步，走向生活、走向社会、走向工作岗位，成为地勘事业的建设者。是老师为我们立足社会播下了知识的种子，是老师给了我们打开工作岗位技能的金钥匙，是老师引导我们走向生活的道路。

翻开毕业纪念册的扉页，清晰地记载着：这是一列载满欢乐的列车，三年的学习生活我们在这里相聚，三年的学习生活我们在这里收获。

一支粉笔开巨锁，满腔豪情绘宏图。母校的 20 载，一批又一批

的毕业生从这里走出，奔赴全省的地勘战线。在农村、在城市、在矿山、在莽原，为地勘事业的振兴默默地奉献着，在许多岗位上成为不可忽视的骨干力量。

母校的20年，是不断前进和发展的20年，凝聚着校领导和老师们的汗水和智慧。

值此母校建校20周年之际，真诚地祝愿校领导、老师、同学们身体健康，事业辉煌，学习进步！

愿母校的明天更加美好！

谢谢大家！

范文二：

清华大学学生会主席××在清华大学 90周年校庆大典上致贺词

各位领导、来宾、敬爱的各位老师、学长，亲爱的同学们：

"紫荆花开满园春"，今天的清华园，洋溢着欢歌笑语，几代清华人聚集一堂，共同庆祝母校90华诞。此刻，我们两万余名清华学子感到无比的激动和自豪。

"西山苍苍，东海茫茫，吾校庄严，巍然中央。"水木清华，春风化雨，教我育我，永生难忘。我们在学堂灯影下探求科学真知，在荷塘月色中感悟人文日新。在大礼堂里展示青春风采，在运动场上留下矫健身影。这里有悠久醇厚的光荣传统，这里有诲人不倦的学术大师。这里是任我遨游的知识海洋，这里是解惑人生的精神家园。从这里，十万余名莘莘学子放飞理想，满怀信心地奔赴祖国的四面八方。

当我们为清华感到自豪时，我们深深地知道，学校今天的声誉是祖国和人民赋予的，是一代代老清华人艰苦奋斗的结果。

我们仿佛又听到了，"华北之大，已经安放不得一张平静的书桌了"，那是在战火纷飞的年代，清华学子为了救国救亡而奔走疾呼的声音；我们仿佛又听到了，"到祖国最需要的地方去"，那是在五六十年代国家建设的高潮中，热血青年立下的铮铮誓言；我们仿

第六章 周年
——寰宇八方传捷报，周年四季颂东风

佛又听到，"从我做起，从现在做起"，那是在改革开放号角吹响的时候，学子们献身四化建设的实际行动；我们仿佛还听到了，"以中华富强为己任，为民旗经济做贡献"，那是20世纪90年代青年学子立志成材、振兴中华的郑重承诺。

正是这一切，熔铸成清华"爱国奉献"的光荣传统，滋养着每一个曾在这里学习生活过的祖国儿女。

今天，民族复兴的历史使命光荣地落在当代青年的肩上。我们接过"爱国奉献"的接力棒，年轻的清华学子决不辜负时代的期望：

——立志还当笃行。我们要将满腔的爱国热情化为攀登科学高峰的强大力量，将报效祖国的远大理想付诸献身现代化建设事业的坚实行动。

——为人先于为学。我们要孜孜不倦、严以治学，更要培养正直无私、宽容朴实的高尚品格，使自己成为德才双馨、素质全面的优秀人才。

——创新不忘求实。我们要牢记创新是21世纪人才最重要的特征，而且要通过扎扎实实的努力锻炼创新能力，培养创新精神。

——继往并以开来。我们要发扬"自强不息、厚德载物"的校训精神，赋予她新的时代内涵，激励自己在人生的历程中勇往直前。

清芬挺秀，华夏增辉。亲爱的师长、学长，清华学子一定会以优异的成绩向你们交上满意的答卷。亲爱的祖国人民，当代大学生一定会用青春和智慧开创未来的辉煌。

最后，请允许我把一首表达同学们心声的小诗献给大家，献给母校90华诞：

微风送来荷花芬芳。

那是母亲哺育的乳香。

礼堂前，我倾听日晷的诉说：

断碑下。我追寻先辈的理想。

梦中传来钟声久长。

那是母亲殷切的期望。
攀登中，我坚守青春的承诺：
征途上。我开创事业的辉煌。
看大海浪花飞舞。
我是最美的那一朵。
母亲扬帆远航。
我们汇成荡荡的碧波。
望天空群星闪烁，
我是最亮的那一颗。
祖国放飞希望，
我们化做灿烂的银河。

企业周年庆贺词

　　企业周年庆典越来越受到社会的关注，周年庆典不仅是一项庆况活动，更是一种独特的推广活动，它不仅可以激发员工的自豪感，也可以借助周年庆典的东风，顺势将企业文化等无形资产进行有效整合推向社会，使之成为企业经营的有效动力。

　　在企业周年庆典的赞词中，要涵盖以下几个方面：发展回顾，展望未来，总结企业多年来走过的岁月，回顾企业在这些年里取得的累累硕果，在新形势下向全体人员说明企业的发展前景，促进企业内部团结，从一定高度上加强企业内部文化建设，传达企业高层战略发展方向，统一企业全体员工思想，朝着企业既定的策略方向前进。可以把贺词的着重点放在企业文化上面，企业文化是所有企业成功因素中唯一无法克隆的一个重要因素，企业管理、产品开

第六章 周年
——寰宇八方传捷报，周年四季颂东风

发、人力资源等一切经营活动过程均可从中找到企业文化的影子。

此类贺词成功的要点在于能否激发出听众的热情，要做到这一点，致辞者首先要热情洋溢。人们常常说"热情如火"。这是因为，热烈的话语会在听众的心里掀起层层热浪，让人热血沸腾，群情激昂，情不自禁地欢呼喝彩，感情的火焰久久不能平息。可见，热情可以"引爆"听众的情绪，其冲击力、鼓动性极强，热情也最能展现致辞者的人格魅力。

那么，怎样才能使致辞热情洋溢呢？首先，致辞者要找一个引爆点，把自己的感情激发出来，燃烧起来。自己有了感情和热情，才能口吐莲花，迸发出火热煽情的语句。另外，致辞者还要收放自如地驾驭热情，既不泛滥热情、哗众取宠，也不压抑回避热情，要恰到好处地用炽热鼓动的语言，激昂奔放的情感，感染听众，让他们因共鸣而振奋激动，这样才能显示出热情的力量。

企业贺词佳篇

范文一：

××集团领导在××公司成立15周年的庆典上致贺词

亲爱的朋友们：

大家好！

今天是个不平凡的日子，此时此刻，我想所有人的心跳都是一个频率，所有人的胸腔都有一个声音，那就是：××，生日快乐！

回顾公司的发展历程，无论是最初的创业者，还是后来的继承者，无论是高层领导，还是基层员工，都会有很多感慨，都会有许多话要说。在竞争日趋激烈的市场经济中，公司为何能风雨无阻呢？在这里我想用认同感、责任感、使命感、归属感和自豪感这15个字来总结公司这15年来的发展历程。

15年的岁月，××向公众证明：××是一块具有强大吸引力的

磁石，它除了具有人性化的管理理念之外，还有丰厚的薪金待遇、合理的竞争机制，特别是公司具有良好的发展前景。

15年的岁月，××人向公众证明：××人是一支具有强大战斗力的队伍。

它除了领导者的人格魅力外，还有老员工的以身作则，新员工的热情激情，特别是公司良好的协作氛围。

当工作不再是谋生的唯一手段时，大家更渴望享受工作所带来的种种乐趣，因为没有人喜欢平庸，尤其对于年纪轻、干劲足的员工作来说，他们认为，富有挑战性的工作和成功的满足感是工作最大的乐趣。

公司将为所有愿意做事业的人提供一个充分展示个人才能的平台，公司要让每一个认同她、追随她的员工发自内心地说一声：我自豪，我是××人！再次祝××生日快乐！

范文二：

酒店总经理在酒店开业十周年庆典活动上致贺词

尊敬的各位领导、各位嘉宾、同志们、朋友们：

光阴荏苒，岁月如梭，伴随着又一季夏日艳阳，××大酒店迎来了她十周岁的生日。在此，我谨代表××大酒店向多年来关心、扶持××大酒店成长的各级领导致以崇高的敬意！向为××大酒店提供过帮助的社会各界朋友表示诚挚的谢意！同时，向为酒店发展付出了辛勤汗水的全体××员工表示最亲切的问候！

十年来，××大酒店始终坚持"宾客至上"的服务宗旨和"以人为本"的经营理念，不断深化改革，拓展市场，锐意进取，勇闯难关，凭借优良的设备设施、优质的服务管理和优秀的员工队伍，在激烈的市场竞争中创造了良好的经济效益和社会效益，赢得了顾客的一致好评和同行的高度认可。

"十载风雨身后事，策马扬鞭向前看。"展望未来，我们将紧紧抓住千帆竞渡的盛世良机。顺应市场经济发展的大潮，进一步发扬

"敬业、责任、创新"的企业精神,完善"情满××,舒适家园"这一主题,不断提升××品牌的美誉度。我们深信。在各级领导和社会各界朋友的大力支持下,通过全体××员工的努力拼搏。××大酒店必将再创辉煌,为我市经济发展作出更大的贡献!

其他纪念庆典贺词

纪念日多是指对某一特殊日期的纪念,或为纪念某类事件而人为定立的日期。纪念日致辞的特点,从整体上来看具有普遍性,但每种致辞又具有其本身的特殊性。

纪念日致辞应注意的问题有:

(1) 注重对纪念日事件的描述和介绍。

(2) 应注重表达对在缔结纪念日过程中作出巨大贡献的人的颂扬和崇敬之情。

(3) 在文章结尾,应对全体人员作出鼓舞和呼吁,激励大家沿着先人踏出的足迹,继续努力,去创造更辉煌的成绩。

结婚纪念日贺词

范文一:

单位领导在某员工钻石婚纪念日酒宴上的贺词

尊敬的各位来宾、朋友们,亲爱的女士们、先生们:

大家晚上好!

今天,是××先生和××女士结婚60周年的钻石婚纪念日。白发同偕百岁,红心共映千秋,两位老人携手走过了60年的风风雨雨，共同迎来了如今这个大好日子，真是让人无比欣羡，亦无比感动。让我们首先向他们致以最衷心的祝福，祝愿他们和和美美、健健康康。钻石婚快乐！

60年，是多么漫长的一段岁月，其中珍藏了多少的苦辣酸甜，多少的动人回忆！60年前，两位老人结发成为夫妻，从那一刻起，他们就在心中许下了白头偕老的誓言。60年来，他们严守承诺，真诚地对待婚姻，用心地经营爱情。尽管韶华老去，但是永远不老的，是他们如钻石般熠熠闪光的真爱，还有那永不磨灭的誓言。他们以实际行动，60年的时间，谱写了一曲最动人的乐章。

钻石恒久远，爱情比金坚。60年来，他们举案齐眉。相敬如宾，经过这么长的岁月，仍然相依相伴，相互扶持，正所谓"想看两不厌"，"最浪漫的事，就是和你一起慢慢变老"，这是多么温馨美好的一种情愫。六十载风雨同舟，他们的爱情经过风雨的洗礼，愈发显得光辉靓丽。

天上月圆，人间月半，月月月圆逢月半，除夕年尾，正月年头，年年年尾接年头。

人生七十古来稀，60年的钻石婚，则是稀罕和可贵。试问天底下有多少爱侣能够有这么大的福气？十年修来同船渡，百年修来共枕眠，60年的婚姻，需要经历多少个轮回的修行？60年牵手隋，人生稀少，真是可喜可贺。

今天，在这美好的时刻，高朋满座，两位老人儿孙满堂，人生最大的幸福亦不过如此。愿这样的盛况年年在、月月有，愿这一片喜庆祥和永远围绕在我们身边。

值此钻石婚宴之际。我再次祝贺两位老人福如东海长流水，寿比南山不老松。谢谢！

纪念活动贺词

第六章 周年
——寰宇八方传捷报，周年四季颂东风

范文一：

美国前总统里根第二次世界大战结束四十周年纪念贺词

我刚从德国战死者的公墓归来，任何人参观那个公墓都不能没有深沉而又相互矛盾的心情。我对历史充满这类浪费、毁灭和罪恶感到非常难过。

但是我知道，从这些灰烬中产生了希望，从过去的恐怖中我们已建立了四十年的和平与自由以及我们各民族之间的和解，所有这些又使我感到欣慰。

这次参观激起了美国人民的多种感情，也激起了德国人民的多种感情。

从我最初决定参观比特堡公墓以来，我收到了许多封信，有的信表示支持，有的信表示深切担忧和怀疑，其他的则表示反对。有些旧伤疤又被揭开了，对此我感到非常遗憾，因为现在本应是治愈伤痕的时刻。

对于退伍军人和仍感到那次战争的痛苦损失的美国军人家属来讲，我们今天同德国人民和解的姿态绝不会丝毫少于我们对那些过去为祖国而战、为国捐躯的人的热爱和崇敬。他们在祖国处于最黑暗的时刻为了拯救自由而献出了生命，今天证明，他们没有白白作出高尚的牺牲。

我们今天的使命是哀悼这些极权主义的受害者，今天，在比特堡公墓，我们纪念40年前被毁灭的那种潜在的优良品质和人性。如果那位15岁的士兵还活着，他也许会和他的同胞一起建设新的、民主的德意志联邦共和国，它正献身于人类尊严和保卫我们今天所庆祝的自由。

他的子孙今天也许会在比特堡空军基地同我们大家在一起。在这里，新的几代德国人和美国人将友好相处并致力于共同事业，献身于维护和平和保卫自由世界安全的事业。

过去，一场战争的结束常常只是播种下另一场战争的种子。我们今天庆祝的是把我们从毁灭循环中解放出来的两国之间的和解。看看我们一起完成的业绩吧，我们过去是敌人。现在是朋友。我们过去是不共戴天的对头，现在则是最牢不可破的盟友。

40年前，我们进行了一场伟大的战争，那是为了除去笼罩着全世界的万恶的黑暗，让我国以及所有国家的男女老少都沐浴在自由的阳光下。我们的胜利是伟大的。德国、意大利和日本现在都是自由世界的成员。但是。争取自由的斗争并未结束，因为世界上许多国家今天仍然处在极权主义统治的黑暗中。

22年前，约翰·肯尼迪总统来到柏林墙，宣布他也是柏林人。今天，全世界热爱自由的人都必须说：我是一名柏林人，我是仍然受到反犹威胁的世界中的一名犹太人，我是一名阿富汗人，我是（苏联）古拉格的一名囚犯，我是在越南沿海漂流的一条挤满人的船上的一名难民，我是一名老挝人，我是一名柬埔寨人，一名古巴人，是尼加拉瓜的一名印第安人，我也可能是极权主义的一名受害者。

第二次世界大战的一个教训、纳粹主义的一个教训就是自由的力量必须永远比极权主义强大，善必须永远比恶强大。我们两国的道义标准将体现在我们所表现出来的维护自由、保护生命安全以及尊重和爱护上帝所有的孩子的决心上。

因此，自由民主的德意志联邦共和国深刻地，并且令人满怀希望地体现出人的这种精神。我们无法把昨天的罪行和战争勾销，也无法使数百万人复生。但是我们能吸取过去的教训，创造更美好的未来，从而使过去富有意义，我们能让自己的痛苦促使我们更加努力医治人类的创伤。

我们牢记过去的教训，已翻开历史上新的更光辉的一页。有许多人就我这次访问给我写信。其中的一位年轻妇女要求我为了德国的前途向比特堡公墓献花圈。我正是这样做的。今天是第二次世界大战四十周年，我们纪念仇恨、罪恶和下流行为结束的这个日子；

第六章 周年
——寰宇八方传捷报，周年四季颂东风

我们要纪念民主精神在德国复苏的日子。

有许多事情使我们在这个具有历史意义的周年纪念日满怀希望。尽管世界上许多地方仍处在受压迫的黑暗中，但是我们已看到照亮全球的自由新曙光。在拉丁美洲新建的民主国家，在亚洲新出现的经济自由和繁荣中。在中东缓慢走向和平的进程中以及欧美民主国家联盟的不断加强中，我们都能看到曙光越来越亮。

让我们在曙光中走到一起，走出阴影，生活在和平之中。

范文二：

省团省委书记纪念五四运动××周年的贺词

各位领导。同志们，青年朋友们：

今天是五四青年节，在此，我谨代表共青团××省委、××省青年联合套、××省学生联合套，向长期以来关心和主持共青团和青年工作的各级领导以及社会各界人士表示衷心的感谢！向全省青年朋友致以节日的问候！

××年前的今天，伟大的五四运动爆发了。这次爱国主义运动，开辟了中国青年运动的新纪元，迎来了中华民族伟大复兴的曙光。五四运动不仅是中国新民主主义革命的伟大开端，也是中国青年运动与国家、民族的前途和命运紧相连、齐奋进的起点。"爱国、进步、民主、科学"的五四精神，也成为激励一代代青年追求真理的不竭动力和精神支柱。

五四运动××年来，无数青年为了国家的未来、民族的希望和家乡的发展，挥洒着自己的热血、智慧和青春，无数青年将自己的发展与祖国的前途命运联系在一起，用热血和汗水谱写了不朽的篇章。爱国主义作为五四精神的核心，始终激励着广大青年，它是旗帜，是号角，是青年追求理想、报效祖国的不竭动力！

广大青年要高举五四精神的伟大旗帜，以报效祖国为己任，自觉用中国特色社会主义理论武装头脑，坚定不移地跟着党走。在实践中，要勤奋，努力提升自身的创新能力。

其次，要大力开展安全生产教育工作。我们要创建"青年示范岗"，组织青年在推动安全生产中争做表率，最大限度地消除发展中的安全隐患，以青年的安全生产促进全县安全生产工作的开展。

最后，要深入开展"青年志愿者""青年文明号"等工作。我们要组织青年人积极行动起来，努力展现当代青年的精神风貌，以青年的文明和谐促进全县和谐社会的建设。

青年是祖国的希望，承担着时代赋予的重任。为了尽快实现我县经济快速发展，青年朋友们要积极贡献自己的力量，为了我县更加美好的未来而努力奋斗！

纪念名人贺词

范文一：

文化部部长孙家正在纪念鲁迅逝世70周年大会上致辞

同志们、朋友们：

今天是鲁迅先生逝世70周年纪念日，也是北京鲁迅博物馆建馆50周年华诞。此时此刻，我们在先生曾经居住过的地方纪念这位中国20世纪的文化伟人，缅怀和尊敬之情不禁油然而生。

对于历史人物的纪念，自然会想到他所处的那个历史时代。鲁迅生活的时代，中华民族正遭受深重的灾难，国家面临被瓜分的威胁，人民受着奴役和欺侮。在半殖民地半封建的旧中国，鲁迅那刚直不阿的性格、勇往直前的气概和毫不妥协的战斗精神，无疑是黑暗中国的希望之光。

鲁迅的作品直面社会、直面人生，"对于有害的事物，立即给以反响和抗争""论时事不留面子，砭锢弊常取类型"，作品风格凝练犀利，具有战斗力。他反对固守旧文化，因为这种文化中的不合理成分禁锢了中国人的精神，严重阻碍了中国的发展。但鲁迅从来就不是一个民族虚无主义者，他满怀激情地赞颂中华民族历史上那

第六章 周年
——寰宇八方传捷报，周年四季颂东风

些埋头苦干的人、为民请命的人、舍身求法的人，称他们是中华民族的脊梁。对于中国文化中的优秀部分，他主张学习和运用，发扬和光大。他提倡"拿来主义"，注重翻译域外被压迫民族中具有反抗精神的文艺作品和有意味的艺术著作。把新的思想和艺术品，介绍给国人。

鲁迅认为，造就新的思想和新的文人，则必须像普罗米修斯那样，从天边盗来火种。他一生坚持的，就是这种普罗米修斯的精神。正因为这样，他能博采古今中外之长，融会贯通，创造出富有新意的作品。鲁迅的作品和思想，已成为国人的精神财富。著名教育家蔡元培在1938年出版的《鲁迅全集》序中赞扬道："感想之丰富，观察之深刻，意境之隽永，字句之正确，他人所苦思力索而不易得当的。他就很自然地写出来。这是何等的天才！又是何等学力！"

鲁迅是中国的，也是世界的。如今，鲁迅作品已被翻译成70多种文字，在50多个国家流传。鲁迅著作成为中国现代经典文化而载入史册，也充实了世界文化宝库。

鲁迅为培养具有新型人格的青年呕心沥血，"在生活的路上，将血一滴一滴地滴过去，以饲别人，虽自觉渐渐瘦弱，也以为快活"。今天，我们纪念鲁迅。仍然要坚持鲁迅的"立人"思想，为国家培养和造就有理想、有道德、有文化、有纪律的建设者和接班人。

鲁迅精神永存！
祝鲁迅研究事业不断发展，祝鲁迅博物馆的事业蒸蒸日上。

贺词佳句赏析

◆讯传连四海；校庆汇三江。

◆洒下园丁千滴汗；赢来桃李一堂春。

◆春催桃李遍天下；雨润栋梁竖九州。

◆花枝竞秀须雨露；桃李争荣靠园丁。

◆园丁辛苦一堂秀；桃李成材四海春。

◆看今日育李栽桃结硕果；待明朝生光拨萃尽英才。

◆庆典一堂喜；花开四化荣。

◆改革春风催劲羽；振兴喜庆鼓鹏程。

◆忆昔坎坷兴业路；抚今昌盛换新天。

◆青山万里春光催；盛厂千军气势雄。

◆树雄心创大业与江山共秀；立壮志写春秋共日月同辉。

◆友谊长存并肩携手；同仁共奋合力贴心。

◆一筹兴劲旅辉煌业绩；数载起宏图浩荡春风。

◆喜会庆合欢一堂济济；看人和共颂百感绵绵。

◆创新兴事业耀今烁古；举旷代英才继往开来。

◆携手开华夏千秋大业；并肩展神州万古雄才。

◆导向正偏吾有责；文笔优劣我无辞。

◆艺苑奇葩争芳斗艳；文坛妙笔推陈出新。

◆指点江山春光满目；激扬文字彩笔生花。

◆一筹肩邸林尽载时情哲趣；五载汇涛声每披奇事新闻。

◆车载十年庆；路伸万里程。

第六章 周年
——寰宇八方传捷报，周年四季颂东风

◆千车连万户；一线贯九州。

◆万里路程如同经纬；九州脉络格外分明。

◆复蹈旧辙并非复旧；创开新路才是创新。

◆路穿万水千山畅通无阻；车过十州百县缩地有方。

◆十年树木，百年树人。有着10年创业历史的××承载着全县××万人民的重托，肩负着各级领导和广大校友的厚望，衷心希望××（学校）以此次校庆为契机，秉承优良的教风和学风，学习借鉴兄弟学校的先进经验，与时俱进，开拓创新，按照科学发展观的要求，为更好的明天而奋斗！——校庆十周年

◆回望这六十年，我们的办公地点从建立初期的××搬到××，五十年代中期在××著名××，六十年代再到最繁华的东街，改革开放初期，又搬进了当时××市中心最高的大楼外贸中心大楼，到了外贸出口最繁荣的九十年代中期，××企业搬到了自有产权的××地方，这是××办公场所的搬迁史，更是××企业一代又一代××人励精图治勇于开拓的征途，而我们。作为新一代的××人更感任重道远。为公司的发展更尽一份力。——企业六十周年庆

◆让清风捎去衷心的祝福，让流云奉上真挚的情意；今夕何夕，空气里都充满了醉人的甜蜜。谨祝我最亲爱的朋友，从今后。爱河永浴！——结婚一周年庆

◆10年的风雨历程，也让我懂得：爱，需要一点一滴的积累；情，需要一分一秒的坚持。在未来的几个10年里，我相信，我会用时间去积累对你的爱，用你永远铭记的承诺去坚持对你的情，我将要让，一生一世，真爱永恒。在今天这个特殊的日子里，我衷心地祝福你天天开心快乐，时时平安幸福。分分的健康美丽。

◆相恋相惜，是今生的缘分，前世的造化。结发为夫妻，恩爱两不疑。愿你们好好呵护这份千世修来的情缘，生活总是厚待懂得珍惜它的人。待到10年后，再回首，可能又是一个感人的十年点滴。——结婚十周年庆

◆时间如流水般稍纵即逝，五十年多少风风雨雨，您们一起走

过多少人生坎坷，起伏跌宕，您们相互搀扶，你们一起承担一家的重担，您们彼此付出了无与伦比的爱，在平凡的人生中写下了辉煌的颂歌；也许您们人生中有太多的机遇错过，不过幸好您们彼此没有错过，也许有许多难过的时光。不过幸好您们还有更多美好的回忆。——结婚五十周年庆

◆相恋相惜，是今生的缘分，前世的造化。结发为夫妻，恩爱两不疑。愿你们好好呵护这份千世修来的情缘，生活总是厚待懂得珍惜它的人。待到10年后，再回首，可能又是一个感人的十年点滴。——结婚十周年庆

◆时间如流水般稍纵即逝，五十年多少风风雨雨，您们一起走过多少人生坎坷，起伏跌宕，您们相互搀扶，你们一起承担一家的重担，您们彼此付出了无与伦比的爱，在平凡的人生中写下了辉煌的颂歌；也许您们人生中有太多的机遇错过，不过幸好您们彼此没有错过，也许有许多难过的时光。不过幸好您们还有更多美好的回忆。——结婚五十周年庆

第七章　庆功
——花献革新者，功昭创业人

庆功会致辞与表彰会致辞类似。需要注意的是，在致辞的过程中，除先进事迹等之外，对于具体奖励、授予称号等要作简要介绍；同时，对于其取得成绩的原因等，要进行总结分析。致辞篇幅不宜过长，语言要生动、有感染力，要感情真挚，热情洋溢，催人奋进，富有激励作用。

庆功贺词特点

庆祝表彰大会的基本氛围是"热烈、欢快、隆重",因此这类贺词的文字要求朴素、简洁,言辞要热烈,内容要充分揭示出被庆功的事项和被表彰者的可贵之处,树立典型,立标杆。

庆功祝酒辞的正文一般由事迹、评价、表彰决定和号召学习四个部分组成。

最常见的形式是先介绍被表彰对象的基本情况,再客观叙述其主要先进事迹。在这个基础上,对其事迹的先进性及典型意义进行评价。

在宣布表彰决定前,要概况阐述进行表彰的目的,如"为了表彰他对社会作出的突出贡献……帮助全县人民脱贫致富……",就高度概括地表明了这次表彰的目的。

中间写明表彰的形式。

最后,还要号召大家向他学习。在这一部分。可以对表彰对象提出希望,比如希望他们戒骄戒躁,继往开来,再立新功等。号召学习要写清号召的对象和学习的内容。最后是对号召对象提出要求,要求号召对象通过学习先进典型,完成工作任务。

送上自己对被表彰者的祝福。在写庆功祝酒辞时要注意以下两点:

(1)语言一定要庄重、精炼。用语要通顺,绝不能出现病句。语言表述要准确,用词要精炼。在语言上要能够体现表彰决定严肃、庄重。可振奋精神,能鼓舞士气的特点。

(2)祝酒辞内容一定要翔实。在正文部分,如果要叙述表彰对象的主要事迹并进行评价。对事迹的叙述要实事求是，客观真实，概况地反映出受表彰对象的主要先进事迹；对先进事迹的评价更要恰如其分，不能故意夸大事实。号召别人学习的内容是对具体事迹的本质概况，要以具体事迹为基础，概况反映其先进本质，绝不能凭空想象，更不能虚构事实或移花接木。

庆功典礼礼仪

庆功活动是机关团体对在某一领域作出突出贡献、做出优异成绩的人员给予表彰、奖励或一定荣誉而组织的活动。这类活动的目的是庆祝功勋、激励先进、树立典型、弘扬正气、褒奖优异。

庆功活动有很多形式，一般是通过召开会议、举行仪式的方式进行。主要的类型有：

庆功大会。这是常见的庆功活动形式，这种形式的规模较大，参加的人员范围较广，宣传教育效果及影响也就相对大一些。一般在大型活动、重要工作、工程项目完结以后召开庆功大会。

颁奖大会。召开一定规模的会议，对在某方面作出突出贡献和取得优异成绩的单位或个人给予一定的奖励。

按照庆功仪式礼仪规范，在出席庆典时，应当严格注意的问题涉及以下六点：

第一，仪容要整洁。所有参加庆功会的人员，事先都要洗澡、理发，男士还应刮胡须。

第二。服饰要规范。有统一式样制服的单位，应要求以制服作为本单位人士的庆典着装；无制服的单位，应规定届时出席庆功会的本单位人员必须穿着礼仪性服装。即男士应穿深色的中山装套装，或穿深色西装套装，配白衬衫、素色领带、黑色皮鞋。女士应穿深色西装套裙，配肉色丝袜、黑色高跟鞋，或者穿深色的长裤，或是穿花色素雅的连衣裙。绝不允许与会人员在服饰方面顺其自然、自由放任，把一场庄严隆重的庆典，搞得像一场万紫千红的时装或休闲装的"博览会"。倘若有可能，将本单位出席者的服饰统一起来则是最好的。

第三，时间要遵守。遵守时间是基本的礼仪之一，对庆功会的出席者而言，更不得小看这一问题。上到最高负责人，下到级别最低的员工，都不得姗姗来迟，无故缺席或中途退场。如果庆功会的起止时间已有规定，则应当准时开始，准时结束。

第四，表情要庄重。在庆功会举行期间，不要嬉皮笑脸，或是唉声叹气，否则会给来宾留下不好的印象。在举行庆功会的整个过程中，都要表情庄重、全神贯注、聚精会神。假若庆功会之中安排了升国旗、奏国歌、唱厂歌的程序，一定要依礼行事：起立，脱帽，立正，面向国旗或主席台行注目礼，并且认认真真、表情庄严肃穆地和大家一起唱国歌、唱厂歌。

第五，态度要友好。这里所指的，主要是主办方对来宾态度要友好。遇到来宾，要主动热情地问好。对来宾提出的问题，都要立即予以友善的答复。不要围观来宾、指点来宾，或是对来宾持有敌意。当来宾在庆功会上发表贺词，或是随后进行参观时，要主动鼓掌表示欢迎或感谢。在鼓掌时，不要在对象上"挑三拣四"，不要"欺生"或是"杀熟"。即使个别来宾在庆功会中表现得对主人不甚友善。也不应当场"仗势欺人"，或是非要跟对方"讨一个说法"不成。不论来宾在台上台下说了什么话，主办方人员都应当克制情绪。不要吹口哨、鼓倒掌、敲打桌椅、胡乱起哄。更不允许打断来宾的讲话，向其提出不友好的质疑。与其进行大辩论。或是对其进行人身攻击。

第六，行为要自律。既然参加了庆功会，主办方人员就有义务以自己的实际行动。来确保它的顺利与成功。至少，大家也不应当因为自己的举止失当，而使来宾对庆功会作出不好的评价。在出席庆功会时，主办方人员在举止行为方面应当注意的问题有：不要想来就来，想走就走，或是在庆功会举行期间到处乱走、乱转；不要

第七章 庆功
——花献革新者，功昭创业人

和周围的人说悄悄话、开玩笑；不要有意无意地做出对庆功会毫无兴趣的姿态；不要让人觉得自己心不在焉，比方说，手机"一鸣惊人"，探头探脑，东张西望，一再看手表，或是向别人打听时间。

俗话说：一滴水可以折射出太阳的光辉，一件小事也可以反映出一个人的素养。所以，在庆功会这种庄重的场合，如果举止得当，一定会获得他人的好评，给人留下识大体、重大局的良好印象。

企事业单位庆功会贺词

企、事业单位庆功会是为了总结前一段时间的工作经验和成绩，寻找不足，表彰、鼓励先进，更好地开展下一步全面工作而进行的一项活动。

在企、事业单位庆功会上致贺词，首先要表达致辞人的心情，向取得功绩的个人或者集体表示祝贺，肯定其在诸方面的先进事迹、功绩、贡献等；然后，要号召与会乃至更大范围的同志们向先进学习，提出学习先进的内容；第三方面，对于创造功绩的先进个人或者先进集体，要提出进一步的希望或者要求，激励其继续保持先进。对于功绩的夸赞和评价，要做到恰当、适中、实事求是；对于先进经验的总结，要全面、平衡、公正。

致辞篇幅不宜长，语言要生动、有感染力，语气要有力，感情要真挚，热情洋溢，催人奋进，贺词整体要富有感染力和激励力。

企事业庆功贺词佳篇

范文一：

××公司上市庆功宴董事长致辞

尊敬的各位领导、各位来宾，女士们、先生们：

大家晚上好！

今天是我们公司成功上市的日子，我感到无比的自豪和激动。首先我要说的是"感谢"，感谢多年来关心、支持、帮助我们公司的各位领导、各界朋友，感谢公司全体员工的共同努力和无私奉献！

回顾走过的路。我百感交集。公司从一个业内不起眼的小公司一步步发展壮大为今天的上市公司，在这个过程中，全体员工所付出的辛劳有目共睹，正是有了你们的甘于奉献才有了我们公司的今天。我们公司的上市，代表着社会对我们的认可，也代表着公司迈上了一个新台阶。上市为我们公司这部高速运转的发动机注入了新的润滑剂，为我们公司的发展翻开了崭新的一页！

昨天取得的成绩已经成为历史，我们要继续发扬艰苦奋斗的精神，信心百倍地迎接明天的挑战。我们要始终践行"创造价值，走向未来"的经营理念，进一步整合资源、提高效率，实现产品规模化、技术现代化、管理国际化，提高公司的核心竞争力和赢利能力，将公司做得更大、更强，用更加辉煌的业绩回报广大投资者、回报社会，不辜负广大投资者以及各级领导、各界朋友的信任和期望。

朋友们，我们相信公司的明天会更加美好！

最后，再次感谢大家的光临，谢谢！

范文二：

某获奖者在公司营销颁奖盛典上致辞

尊敬的各位领导、各位营销精英，女士们、先生们：

此时此刻，我的心情就像大海汹涌的波涛一样，久久不能平静。因为，我们翘首以盼的一年一度的营销盛典—××集团××年度营销颁奖典礼，在这里隆重开幕了。请允许我代表××集团对各

第七章　庆功
——花献革新者，功昭创业人

位的大驾光临表示最热烈的欢迎和最诚挚的感谢！向用辛勤的汗水获得各项大奖的营销精英们表示最衷心的祝贺！

站在今天的领奖台上，也许有人会说："我今天之所以获奖，是因为在××市场营销的光明顶上，有许多高人一时失利，让我暂时占了上风。"也许有人会想："当我在市场的硝烟中冲锋陷阵时。当我在营销的丛林中挥汗如雨时，尽管历尽千难万险，吃尽千辛万苦，但是收获甚少。"其实，我要告诉大家：市场营销的"华山论剑"真的没有那么多"也许"，我们的成功是辛勤耕耘的必然结果。

营销是高尚者的事业，是勇敢者的战场。我可以毋庸置疑地说：今天的获奖者，只是××营销大军中的典型代表，尽管大多数人没能站在今天的领奖台上，但你们在台下照样精彩。因为你们无畏挫折，敢于挑战；因为你们热爱××，忠诚××，创造了××不俗的业绩。

同时，我也在想：在我们的心灵深处，××情结血脉相连，只要我们心心相印，就一定能创造更加美好的明天！

谢谢大家！

奖学金表彰会贺词

奖学金和助学金政策的实施在很大程度上减轻了贫困大学生经济上的负担。缓解了他们的经济压力，使大学生感受到了社会这个大家庭的温暖。使大学生能够全身心地投入到学习中去。

在奖学金表彰会上致贺词，一要对获得奖项的学生表示祝贺，号召其他学生向他们学习。二要鼓励获得奖励和资助的学生端正心态和思想，正确认识当下的困难，化感恩为行动。三要鼓励获得奖励和资助的学生做一个优秀的人，在道德品质上自觉践行社会主义荣辱观：在行为上自觉遵守各项规章制度与纪律；在学习上提倡创新、务实、刻苦、优异，在专业上追求完美、精益求精；在感情上永存一颗感恩之心；在生活上牢记"成由勤俭败由奢"的古训，艰苦朴素、勤俭节约；在作风上向往大气、灵气，严于律己，宽以待人，团结同学，尊敬师长，热心助人。

总之，在奖学金表彰会上致贺词，只要以爱为本，从关爱、爱护学生的角度出发，任何话语都会成为温暖人心的春风。

奖学金表彰贺词佳篇

范文一：

某校长在奖学金发放仪式上致贺词

老师们、同学们：

值此新春伊始、春意萌动的大好时光，××学校全体师生隆重集会，表彰奖励期末考试年级前20名优秀学生。班级前两名优秀学生及学习刻苦、进步幅度大的学生。这是××学校历尽艰难、走向成熟的标志，是深化改革、励精图治的重大举措，也是××学校全体学生的一件盛事、喜事。

首先，我代表全体领导和老师向受奖励的同学表示祝贺！你们志存高远，聪明睿智；你们尊师爱友，团结协作；你们才思敏捷，质疑解疑；你们勤学苦思，善于总结；你们奋起直追，持之以恒。正是你们自身坚强的意志和可贵的品质，才使你们在竞争中脱颖而出，走上今天的领奖台，体悟奋斗的乐趣，感受成功的喜悦。但成功只能说明过去，代表昨天。同学们，你们只是万里长征迈出了第一步，因此，我希望你们务必要在新的征途上再接再厉，戒骄戒躁，不屈不挠，既要有"一览众山小"的豪迈气概，更要有"山外青山楼外楼"的清醒头脑，积极寻找差距，改进和完善自己，以优异的成绩回报培育自己的母校、生育自己的父母、养育自己的土地。

其次，我要向在座未受到奖励的同学表示美好的祝愿！希望你们不要妄自菲薄。要有"天生我材必有用"的思想，努力学习，永

第七章 庆功
——花献革新者，功昭创业人

不言败。发现自己，发展自己，跨越自己。相信勤能补拙、天道酬勤，在未来的日子里，同样跻身于领奖队伍的行列，品尝成功的甘美，确立自我的位置。

学校是人才的摇篮，在面对普通高中办学激烈竞争的形势下，我们××学校奋斗拼搏，以前瞻性、跨越性的思维，敢于迎接挑战，十年来，为国家、为社会培养了大批栋梁之才，在坚持"面向全体学生，面向每个学生，面向学生的每个方面，面向学生的个性发展，面向学生的可持续发展"的教育思想以及"德育为首抓方向，教学为主抓质量，五育并举抓全面，个性发展抓特长"的治校方略和"规范＋合格＋特长"的育人模式等理念的指导下，把"教育创新、教改创新、管理创新"贯穿于教育教学全过程，努力使××学校成为你们学习成长终身受益的园地、求知若渴实现理想的桥梁、展示自我走向成功的平台。

同学们，21世纪是充满竞争的世纪，机遇与挑战并存，更新与淘汰结伴，如何在这个竞争的年代立稳脚跟？那只有不断地学习、学习再学习。淘汰你的人，不是别人，永远是你自己。我相信每位同学都有进步的愿望，都有丰富的潜能，每位同学都有自己的智能优势。是泥土，就烧成砖瓦；是铁矿，就百炼成钢；是金子，就放出光彩。学会做事，学会做人，学会合作，学会学习。拥有走向社会、服务社会的本领，成为有知识、有学问、有教养、有理论、有实践的人。

同学们，千里之行，始于足下。你们正处于人生的黄金时期，有全新的观念，有青春的热情，有强健的体魄，愿你们依托××学校这个平台，在新的学期刻苦认真，自主学习，既学会又会学。

同学们，你们的成绩就是学校的成绩，你们的前途就是学校的前途，请你们记住，学校以你们为荣！我相信你们会用青春的热情和汗水，谱写一段人生亮丽的篇章！

范文二：

某老师在高考庆功大会上贺词

尊敬的各位领导、各位嘉宾、老师们：

大家好！

今天，我们在这里欢聚一堂。共同庆祝我校××××年高考再创佳绩。这是一个喜庆的日子，这是一个注定要被载入我校史册的时刻。在此，请允许我代表××××届全体任课教师与大家分享这份喜悦与快乐，共同感受作为一名教育工作者的幸福与自豪！

众所周知，××××届是××中学近几年招生人数最少，生源质量最差的一届说句真心话，一年来我们××××届的全体老师承受着巨大的压力，尽管我们有过失望，有过沮丧，有过苦闷，有过彷徨，但我们从没有放弃过追求，从没有忘记自己肩负的重大责任和使命。三年来，我们在××中学这块沃土上默默耕耘着自己的理想，用辛勤的汗水和顽强的毅力书写着××中学的历史，我们完全有理由为自己辛苦的三年而喝彩！

百年大计，教育为本，教育大计，教师为本。成功的花蕾从来都是用汗水灌溉而成的。××××年的高考。我们倾注了满腔的心血，我们付出了太多太多的努力。正是因为有上级领导对××中学的关心、厚爱与扶持，有学校毕业班领导小组的科学指导、扎实工作。才使我校××××年高考再创辉煌，再结硕果；正是因为有老师们三年如一日的不懈追求、无私奉献，才使××中学这棵教育之树枝繁叶茂、长生常绿。才使××中学的教育之花永开不败、越开越艳。

……

有许许多多在各自的岗位上任劳任怨、埋头苦干、无私奉献的老师们，他们的身影已经成为一道漂亮的风景定格在了我们每一位教师的心中。脚踏实地海让路，持之以恒山可移，三年的酸甜苦辣，三年的努力拼搏，我们××××届的全体老师用自己的实际行动在平凡的人生舞台上演绎了生命的辉煌！

各位领导、各位嘉宾、老师们，成绩已经属于过去，谋求新的业绩，实现新的跨越才是我们更加远大的目标。面对日益激烈的教育竞争，我们决不会满足于现状，更不会陶醉于过去，我们已经清醒地认识到目前所面临的生存与发展的压力，我们已清醒地意识到自己肩负的责任与使命，在今后的工作中，我们将认真实践"向学好善，思进有为"的办学理念，发扬事不避难，勇于担当的进取精

第七章　庆功
——花献革新者，功昭创业人

神。做不断进取的开拓者，终身学习，与时俱进；做崇高师德的力行者，争做师德的表率、育人的楷模、教育的专家；做传播文明的奉献者，耐得住寂寞，守得住清贫，经得起诱惑，立足岗位，淡泊明志，尽心尽责，甘为人梯。

各位嘉宾、老师们，今日煮酒论英雄，明年再摆庆功酒。我衷心地期待明年的庆功会更加出色，明年的××中学教育更加辉煌！同时我们定将以更加坚定的信心，更加饱满的热情，投入更多的精力，为即将到来的xx周年校庆，为××中学更加灿烂的明天作出我们应有的贡献！

先进表彰大会贺词

庆功会、表彰会的主体内容，首先是对先进代表作出的贡献予以肯定，接下来则是希望全体人员向他们学习，最后是对组织未来发展的简单描述。

庆功会、表彰会的结尾一般是鼓励性的话或祝愿性的话。如"希望××再接再厉，再创佳绩"。

庆功会、表彰会都属于庆贺活动，因此致辞中应该营造出喜庆、欢快的气氛。致辞的表达方式要灵活多样，致辞的感情要饱满、热烈，致辞内容可灵活多变，但是一般都要有回顾过去、展望未来等内容。

此类致辞的一般格式是，开头要对被表彰人员表示祝贺；主体内容要对他们做出的成绩、取得的荣誉表示肯定；接下来则是展望性的语言。可以号召其他人向他们学习，也可以阐述组织以后的发展目标；结尾处则是表达祝愿。另外需要注意的是，饱满的情绪、坚定的信心要贯穿致辞的整个过程。

表彰会致辞，首先要表达致辞人的心情，向先进的个人或者集体表示祝贺，肯定其在诸方面的先进事迹、功绩、贡献等；然后，要号召与会乃至更大范围的同志向先进学习，提出学习先进的内容；第三方面，对于受表彰的先进个人或者先进集体，要提出进一步的希望或者要求，激励其继续保持先进。表彰时，对于功绩的夸赞和评价，要做到恰当、适中、实事求是，对于先进经验的总结，要全面平衡、公正。

因此，庆功会、表彰会的主体内容应该言简意赅，无需大段阐述。

五一劳模表彰大会

范文一：
某公司领导在"五一"国际劳动节前夕公司劳模表彰会上致辞

同志们：

在全世界工人阶级和劳动人民的光辉节日——"五一"国际劳动节前夕，我们在这里隆重集会，通过对劳模、红旗集体进行表彰并聆听他们的先进事迹报告，这个节日将显得更具有特殊的意义。在此，我代表公司行政向在我公司改革发展和生产经营工作中作出突出贡献的劳动模范、红旗集体，表示热烈的祝贺！向在全公司各条战线辛勤劳动、努力工作的广大干部职工致以节日的问候！向所有为公司改革发展和生产建设作出积极贡献的劳动者，表示崇高的敬意！道一声：你们辛苦了！

××年，坚持全心全意依靠职工办企业是我们的一贯方针，也是我们克难制胜的法宝。正是有了这一条，我们才能走出困境，创造一个又一个辉煌。××年，我们的生产经营能够取得这样的成绩，就是公司上下团结一心、共同奋斗的结果，也是与广大先进模范人物的骨干带头作用分不开的。公司广大干部职工在各自的岗位上努力工作，辛勤劳动，涌现出了一大批敬业爱岗、无私奉献、贡献突出的先进模范人物和先进集体。他们在各自的工作岗位上创造

第七章　庆功
——花献革新者，功昭创业人

出不平凡的业绩，为公司的发展建立了不可磨灭的功勋，这是我们的光荣，更是我们全体劳动者的骄傲。今天受到表彰的××名劳动模范和××个红旗集体就是其中的优秀代表。刚才五位代表的事迹报告，无不体现出他们的主人翁责任感和艰苦创业精神、忘我的劳动热情和无私奉献精神、强烈的开拓进取意识和求实创新精神、良好的职业道德和爱岗敬业精神，集中体现了鲜明的时代精神，展示了新时代劳动者的崭新风貌。

　　公司上下都要关心爱护先模人物，大力弘扬劳模精神。劳模和先进人物是时代的旗帜，是现代化建设的骨干力量，是企业的宝贵财富。几十年来，劳模和先进人物为公司生产建设和改革发展作出了突出贡献，在社会主义市场经济的新形势下，他们与时俱进，开拓创新，扎实工作，取得了新的更加辉煌的业绩。我们要大张旗鼓地宣传劳模，大力弘扬劳模精神，使劳模精神不断发扬光大，使劳模的优秀品格成为激励广大职工群众的精神动力。各级党政、工会组织要从政治、学习、工作、生活等方面关心、爱护、支持劳模，加强对劳模的服务，为他们发挥聪明才智和模范带头作用创造更好的条件，把温暖送到他们的心坎上。同时，也希望劳模和先进人物倍加珍惜自己的荣誉，始终保持谦虚谨慎、艰苦奋斗的精神，再接再厉，与广大职工群众一起，在新的起点上创出新的业绩。要通过自身的模范行动，影响和带动广大职工群众自觉同公司保持一致，努力维护改革、发展、稳定的大局；影响和带动广大职工群众学习掌握先进技术，不断提高业务素质和工作能力；影响和带动广大职工群众树立正确的世界观、人生观、价值观。树立良好的职业道德和敬业精神；影响和带动广大职工群众积极投身于公司生产经营管理中，为打造和谐企业、创建一流企业共同奋斗。

　　同志们，艰难困苦，玉汝于成。实现新跨越，建设新××，公司广大职工肩负着光荣而神圣的重任。让我们与时俱进，开拓创新，扎实工作，不断夺取公司改革发展和生产建设的新胜利！

教师表彰大会

范文一：

教师节庆祝暨表彰大会上的致辞

各位领导、朋友们、同学们：

大家好！

在这金秋送爽、硕果飘香的时节。我们又一次迎来了广大教育工作者自己的节日——教师节。

今天我们在这里隆重举行庆祝暨表彰大会，感受全社会尊师重教的浓厚氛围，表彰在我县教育战线上无私奉献、成绩显著的十佳校长、十佳班主任、十佳教师、优秀教师和优秀教育工作者。表彰尊师重教先进单位。首先我谨代表县教育局党委向全县广大教师和教育工作者致以节日的问候！向曾经为教育事业作出过重大贡献的离退休教师们致以崇高的敬意！向受表彰的教师和单位表示热烈的祝贺！向长期关心、支持我县教育事业的各级领导和社会各界朋友表示衷心的感谢！

老师们、朋友们、同学们，振兴民族的希望在教育。振兴教育的希望在教师。近年来。在县委、县政府的正确领导和社会各界的关心和支持下。我县教师队伍中又涌现了一大批优秀教育工作者，有像××同志一样学高为师、身正为范的优秀校长；有像××同志一样以校为家、爱生如子的优秀班主任；有像××同志一样淡泊名利、甘为人梯的优秀教师。今天受表彰的十佳校长、十佳班主任、十佳教师、优秀教师和优秀教育工作者，他们身上集中体现了新时期教师品德高尚、业务精良、开拓创新的精神风貌，他们是广大教师队伍中的杰出代表，是全县广大教育工作者学习的榜样，是我县教育发展不尽的动力源泉。

当然，像你们这样在平凡的岗位上默默工作的教师很多很多，他们用辛勤的汗水换来了累累硕果。几年来，全县有××人被评为省级骨干教师，有××人被评为市级骨干教师，他们都是我们学习的榜样。

老师们，在欢度节日的时候，在备感光荣和自豪的时候，你们应该清醒地认识到教师的责任和义务，你们更应该明确时代和人民对我们的要求和期盼。

第七章 庆功
——花献革新者，功昭创业人

老师们，更新我们的教育观念，不但要学习它、要思考它、更要实践它。我们必须清醒地认识到，我们的教育观念跟时代发展的要求还有距离，我们的教育行为跟规范的要求还有距离，我们的办学水平跟人民的意愿还有距离。

我们只有在县委、县政府的关怀下，在社会各界朋友的关心下，在全社会尊师重教的氛围里，在学生和家长们渴求优质教育的目光中，以始终发扬奋发有为、昂扬向上的精神，在正确的教育观念的指导下，不断地、全面地提高办学水平，做为人民服务的教师，做让人民满意的教师。光荣存在心头，责任放在肩上，让我们团结一致，同心同德，聚精会神干事业，一心一意谋发展，为全县教育腾飞、经济发展作出我们更大的贡献。

老师们，在第××个教师节来临之际，我谨代表局党委真诚地祝愿每一位教师，每一位教育工作者节日愉快，让理想的梦境开满绚丽的鲜花，让世界为我们鼓掌，让历史写上教育的辉煌！并再一次道一声：老师，辛苦了！谢谢你们！

表彰优秀员工

范文一：

某企业领导在××同志先进事迹报告暨表彰大会上致辞

同志们：

刚才，报告团的五位成员为我们作了一场很好的××先进事迹报告，以他们的亲身感受，从新的层面、新的视角，为我们进一步充分展示了××同志丰富而精彩的人生。××的事迹感人至深，催人奋进。报告非常成功。××同志是企业员工的优秀代表，是我们全体员工学习的榜样。

从××同志的先进事迹中，我们可以真切地感受到，他是一个乐观自信、敢想敢干的人，是一个执著敬业、追求卓越的人。是一个襟怀坦荡、品德高尚的人。他用独创的技术改写了企业铁路自动控制的历史；他用自己的双手绘制出了企业铁路运输的现代化；他以高尚的人格魅力，感召着广大员工，带出了一支技术过硬的团队。××同志是企业员工的优秀代表。在他身上，充分体现了一个共产党员求真务实、无私奉献的优秀品质，充分体现了一个当代产业工人勤奋学习、执著进取、精业报国的价值取向，充分体现了企业员工顽强拼搏、开拓创新、敢于胜利的精神风貌。我们为有以××同志为代表的优秀员工队伍感到骄傲，感到自豪。

学习××同志，就是要培养造就更多××式的优秀员工，打造具有国际竞争力的高素质团队。伟大的时代呼唤高技能人才，伟大的事业造就高技能人才成长。企业的事业给各类人才脱颖而出、健康成长提供了广阔的舞台，关键要靠我们自己去把握、去创造、去奋斗。当前，企业正处于重要的转型时期，在我们实现装备大型化、现代化，管理信息化、扁平化，大力推进企业跨越式发展，谋求更大发展的今天，培育一大批××式优秀员工，打造具有国际竞争力的高素质团队，尤其具有重要而深远的意义。

××同志的成功，给予我们深深的启迪。××精神的实质是价值最大化，核心是持续创新，关键是不断学习。我们向××同志学习，打造具有国际竞争力的高素质团队，就要学习他一专多能、追求卓越的进取精神；就要学习他敢想敢干、敢为人先的创新精神；就要学习他对事业如醉如痴、精益求精的执著精神；就要学习他精业报国、忠诚企业的奉献精神。

运动员表彰大会

范文一：
有关领导在为学校运动员庆功的庆功会上致贺词

尊敬的各位领导、老师们、家长们，亲爱的同学们。

大家好！在这金秋送爽、硕果飘香的收获季节里，我们××运动代表队满载着收获和喜悦回来了。我校在这届区运会上以总分531.5分，高出第二名近200分的成绩获得团体总分第一名。这是我校继××××年后连续第四次捧起区田径运动会冠军奖杯！

首先，让我们以最热烈的掌声对凯旋的运动员表示最真挚的祝

第七章　庆功
——花献革新者，功昭创业人

贺！同时谢谢关心和鼎力支持我们的领导、老师们、家长们，在这里，我代表体育组全体同仁向你们表示由衷的感谢！

在过去的这一年里，在这红白色的跑道上，洒下了老师和运动员们的泪水和汗水。在这一年里，我们从没有间断过训练，在寒暑假，平时的节假日、双休日，都能够看见我们运动员和教练员忙碌的身影，甚至是春节，我们也从大年初五开始就恢复训练。"宝剑锋从磨砺出，梅花香自苦寒来。"在本次比赛中，我校运动队再获佳绩。在此，请允许我以体育组的名义再一次向所有运动员表示热烈祝贺！

赛场上的一幕幕还在眼前不断闪烁，我们××精神在赛场上飞扬。红色代表胜利，黄色代表王者之气。我们××运动员刮起了一道道黄色旋风。当我听到兄弟学校的老师和学生都啧啧赞叹又不得不服地说"怎么又是××第一，××怎么跑得那么快"时，我为我们的运动健儿感到无比自豪！

我要对参加400米和900米比赛的运动员说，你们是好样的！400米和800米比赛是意志的考验，你们这种不怕苦、不服输的精神是代表××学子精神的一面旗帜；我要对参加100米和200米比赛的运动员说，你们是好样的！短距离项目是速度比拼，你们代表了我们XX学子的速度；我要对参加60米栏比赛的运动员说，你们也是好样的！你们在比赛中遥遥领先，在你们身上，我仿佛看见了刘翔的身影，你们是刘翔的接班人，你们代表我们××飞翔；我还要对参加跳高、跳远比赛的运动员说，你们都是好样的！在赛场上，你们用完美的表现书写着精彩的篇章。我希望大家再次把热烈的掌声献给我们的运动健儿、运动英雄好吗？

最后，我从心底感谢默默支持我们的家长，你们每天起早摸黑接送我们运动员，你们是我们强大的后盾，没有你们就没有我们今天的成绩，你们是真正的英雄。我代表我们体育组再次向你们表示由衷的感谢！

成绩只能代表过去，我们体育组将对运动队的发展进行长期的、科学的规划，争取以后继续为××争光。为××区争光！

贺词佳句赏析

◆愿我们的谢意编成一束不凋谢的鲜花,给您的生活带来无限芬芳;愿我们的祝福化作一首激情的欢歌,助您的事业谱写出更加亮丽的篇章!

◆同志们,门球夺冠的骄人成绩固然可喜,但已经成为过去。让我们以此为新起点,大力弘扬门球队顽强拼搏、为国争光的精神,不断挑战自我、超越自我,在推进油田二次创业、再铸辉煌的伟大实践中书写新的辉煌篇章!

◆中学的各位领导、初三老师,去年的今天,我们为你们举行了庆功会;今年,我兑现我的诺言,继续为你们举行庆功会。我希望,明年的今天,继续为你们举行庆功会。

◆"艰难困苦,玉汝于成。"我很清楚,没有一番寒刺骨,哪有梅花扑鼻香。你们的成功,建立在你们勤奋耕耘、孜孜以求的基础上。衷心祝贺你们!

◆"天道酬勤"我们今天庆功会的主角。应该是我们呕心沥血、刻苦拼搏、无私奉献的初三全体老师,是你们的执著追求,是你们的全意奉献,是你们的无私情怀,是你们日日夜夜的不眠不休,才铸就了××乡教育的辉煌。"有志者,事竟成,百二秦关终属楚;苦心人,天不负,三千越甲可吞吴。"你们的汗水,你们的辛苦,你们的付出,终于赢得了苍天的眷顾,为我们××乡孩子的未来,开辟了又一条坦途,我代表××乡4万3千人民感谢你们!

◆同志们!你们在保卫祖国、建设祖国的伟大事业中立下了功劳,成为人民的功臣、模范和英雄。今天,我来参加你们的庆功大会。向你们祝贺。

第七章　庆功
——花献革新者，功昭创业人

◆同志们！你们当了英雄、模范以后，千万不要忘记别人的功劳。假如忘记了别人的功劳，把所有的功劳都记在自己账上，就会骄傲起来，走到个人英雄主义的错误道路上去。

◆全体英雄、模范、功臣同志们！希望你们在这伟大的事业中起到带头作用、模范作用，继续保持你们的光荣，争取在今后的工作中得到更大的光荣。祝你们的会议成功，祝你们的事业成功！

◆泰戈尔在诗中说，天空没有翅膀的影子，但我已飞过；艾青对朋友说，也许有人到达不了彼岸，但我们共同拥有大海。也许你们没有显赫的成绩，但运动场上留下了你们的足迹。也许你们没有得到奖品，但我们心中留下了你们拼搏的身影。所有的努力都是为了迎接这一刹那，所有的拼搏都是为了这一声令下。

◆就像花儿准备了春、秋、冬，就是为了红透整个盛夏。就像雪花经历了春、夏、秋，就是为了洁白整个严冬。蹲下、昂首、出发……轻轻地一抬脚，便牵动了全场的目光。你们潇洒地挥挥手，便满足了那一份无言的等待。迎着朝阳，你们踏歌而去；背着希望，我们等待你们的归来。

◆也许流星并不少见，但它燃烧的刹那，给人间留下了最美丽的回忆！也许笑脸并不少见，但胜利的喜悦，总会留给世界精彩的一瞬！是的，那些曾经美妙的东西只有短短的一瞬间，却把最辉煌的一刻留给了人间。胜利，是每个人所追求的，胜利的喜悦，是胜利与重新开始的转折，胜利是新的开始！

◆不长不短的距离，需要的是全身心、全程投入，自始至终你们都在拼全力。此时此刻，你们处在最风光的一刻，只要跑下来。你们就是英雄。

◆时间在流逝，赛道在延伸，成功在你面前展现；心脏在跳动，热血在沸腾，辉煌在你脚下铸就。加油吧！健儿们，这是意志的拼搏，这是速度的挑战。胜利在向你们招手。胜利在向你们呼唤。

◆你的汗水洒在跑道，浇灌着成功的花朵开放。你的欢笑飞扬在赛场，为班争光数你最棒。跑吧，追吧，在这广阔的赛场上，你似骏马似离弦的箭。跑吧，追吧，你比虎猛比豹强！你们挥舞着充满力量的双臂，我着实佩服你们。你们跑出了自己的最佳水平。

◆同志们！你们当了英雄、模范以后，千万不要忘记别人的功劳。假如忘记了别人的功劳，把所有的功劳都记在自己账上，就会骄傲起来，走到个人英雄主义的错误道路上去。

◆全体英雄、模范、功臣同志们！希望你们在这伟大的事业中起到带头作用、模范作用，继续保持你们的光荣，争取在今后的工作中得到更大的光荣。祝你们的会议成功，祝你们的事业成功！

◆泰戈尔在诗中说，天空没有翅膀的影子，但我已飞过；艾青对朋友说，也许有人到达不了彼岸，但我们共同拥有大海。也许你们没有显赫的成绩，但运动场上留下了你们的足迹。也许你们没有得到奖品，但我们心中留下了你们拼搏的身影。所有的努力都是为了迎接这一刹那，所有的拼搏都是为了这一声令下。

◆就像花儿准备了春、秋、冬，就是为了红透整个盛夏。就像雪花经历了春、夏、秋，就是为了洁白整个严冬。蹲下、昂首、出发……轻轻地一抬脚，便牵动了全场的目光。你们潇洒地挥挥手，便满足了那一份无言的等待。迎着朝阳，你们踏歌而去；背着希望，我们等待你们的归来。

◆也许流星并不少见，但它燃烧的刹那，给人间留下了最美丽的回忆！也许笑脸并不少见，但胜利的喜悦，总会留给世界精彩的一瞬！是的，那些曾经美妙的东西只有短短的一瞬间，却把最辉煌的一刻留给了人间。胜利，是每个人所追求的，胜利的喜悦，是胜利与重新开始的转折，胜利是新的开始！

◆不长不短的距离，需要的是全身心、全程投入，自始至终你们都在拼全力。此时此刻，你们处在最风光的一刻，只要跑下来。你们就是英雄。

◆时间在流逝，赛道在延伸，成功在你面前展现；心脏在跳动，热血在沸腾，辉煌在你脚下铸就。加油吧！健儿们，这是意志的拼搏，这是速度的挑战。胜利在向你们招手。胜利在向你们呼唤。

◆你的汗水洒在跑道，浇灌着成功的花朵开放。你的欢笑飞扬在赛场，为班争光数你最棒。跑吧，追吧，在这广阔的赛场上，你似骏马似离弦的箭。跑吧，追吧，你比虎猛比豹强！你们挥舞着充满力量的双臂，我着实佩服你们。你们跑出了自己的最佳水平。

第八章　登科

——春风得意马蹄疾，一日看尽长安花

人生四个重要的时刻：久旱逢甘雨，他乡遇故知，洞房花烛夜，还有一个就是，金榜题名时了！可见金榜题名的重要性了！金榜题名，是莘莘学子梦寐以求的结果，也是家长们最欣慰最自豪的事情。

为了表达自己高兴的心情，请亲朋好友欢庆一番是人之常情。作为被邀请的客人，赴宴时可以携带鲜花、对联、香槟、书籍、学习用品作为礼物，当然也要事先准备好恭喜学子升学的贺词。

五子登科典故

《宋史－窦仪传》记载：宋代窦禹钧的五个儿子仪、俨、侃、偁、僖相继及第，故称"五子登科"。

《三字经》也以"窦燕山，有义方，教五子，名俱扬"的句子，歌颂此事；又逐渐演化为"五子登科"的吉祥图案，寄托了一般人家期望子弟都能像窦家五子那样联袂获取功名。

窦燕山，原名窦禹驳，因他居住在燕山（现在北京），故称窦燕山。

窦燕山出身于富庶的商人家庭，家道昌盛。但他最初为人心术不正，专用大斗进，小称卖，费尽心机坑蒙拐骗，以势压人。贫民百姓痛恨他的为富不仁，却没有力量主持公道。窦燕山昧良心、灭天理的行为激怒了上天，他三十岁了还膝下无子。

在一个夜晚，他做梦。梦到他去世的父亲对他说："你心术不好。品行不端，恶名已经被天帝知道。以后你命中无子，并且短寿。你要赶陕悔过从善，大积阴德，广行方便于劳苦大众，才能挽回天意、改过呈祥。"窦燕山醒来，历历在目，于是决定重新做人。

有一天，窦燕山路宿客栈，偶然捡到一袋银子。他为了能让银子物归原主，在客栈等了一天，终于等到了失主，将银子完璧归赵。失主感激万分，要以部分银子相赠，他却坚持分文不收。他家乡有不少穷人，娶不起媳妇，女儿因为没有钱买嫁妆而嫁不出去，窦燕山就把自己的银两送给他们帮助他们。同时，窦燕山还在家乡

第八章　登科
——春风得意马蹄疾，一日看尽长安花

设立学堂，请有学问的老师来教课。把附近因贫穷而不能上学的孩子招来免费上学。窦燕山如此周济贫寒，克己礼人，因此随之积了大阴德。

此后一个晚上，窦燕山又梦见自己的父亲。老人告诉他："你现在阴功浩大，美名远扬，天帝已经知道了。以后你会有五个儿子，个个能金榜提名，你自己也能活到八、九十岁。"当他醒来，发现也是一个梦。但从此更加修身养性，广做善事，毫不怠慢。

后来，他果然有五个儿子。由于自己重礼仪、德行好，且教子有方、家庭和睦，窦家终于发达了。他的长子名仪，任礼部尚书；次子名俨，任礼部侍郎，两个人均被任命为翰林院学士。三子名侃，任补阙；四子名偁，任谏议大夫；五子名僖，任起居郎。当五个儿子均金榜提名时，侍郎冯道赠他一首诗："窦燕山十郎，教子以义方。灵椿一株老，丹桂五枝芳。"

登科之礼

今天，当学子考入理想学府时常常摆宴庆祝，其实这种习俗自古便有。在古代，为了笼络天下士人通过科举考试踏上仕途为统治者效劳，古代科举制度还组织顺利通过利举考试的士子参加由官方、朝廷主办的盛大庆祝宴会，以示恩典，这就是我国古代著名的科举四宴。由于科举制度自唐代以来，分设文武两科，故四宴中鹿鸣宴、琼林宴为文科宴，鹰扬宴、会武宴为武科宴。

"鹿鸣宴"是为乡试后新科举人而设的宴会。起于唐代，明清沿用，因为宴会上要唱《诗经-小雅》中的"鹿鸣"之诗："呦呦

鹿鸣……"，而取名为"鹿鸣宴"，有祝贺之意。还有一种说法是，因为鹿与禄谐音，古人常以鹿来象征"禄"的意思，以为有"禄"就能升官发财，新科中举乃是人"禄"之始。但古人比较含蓄，不愿把升官发财挂在口上，因为这与修身齐家治国平天下的儒家思想是有距离的，于是就取了"鹿鸣"这个有些诗意的名字。

此宴设于乡试放榜次日，宴由地方官吏主持，宴请之人除新科举子外，还有内外帘官（考场工作人员）等。据《新唐书·选举志》载："每岁仲冬，州、县、馆、监举其成者送之尚书省……试已，长吏以乡饮酒礼，会属僚，设宾主，陈俎豆，备管弦，牲用少牢，歌鹿鸣之诗，因与耆艾叙长少焉。"韩愈在《送杨少尹序》中也写道："杨侯始冠，举于其乡，歌鹿鸣而来也。"

"琼林宴"是为殿试后新科进士举行的宴会。始于宋代。宋太祖规定，在殿试后南皇帝宣布登科进士的名次，并赐宴庆贺。由于赐宴都是在著名的琼林苑举行，"琼林苑"是设在宋京汴京（今开封）城西的皇家花园。宋徽宗政和二年（公元2年）以前，在琼林苑宴请新及第的进士，故该宴有"琼林宴"之称。《宋史·乐志四》又载："政和二年，赐贡士闻喜宴于辟雍，仍用雅乐，罢琼林苑宴。"所以政和二年以后，又改称"闻喜宴"。元、明、清三代，又称"恩荣宴"。虽名称不同，其仪式内容大致不变，仍可统称"琼林宴"。据载，辽也曾设宴招待新科进士，地点在内果园或礼部，但也沿袭宋人，称之为"琼林宴"。宋朝状元文天祥曾有一首《御赐琼林宴恭和诗》描写琼林宴盛况："奉诏新弹人仕冠，重来轩陛望天颜。云呈五色符旗盖，露立千官杂佩环。燕席巧临牛女节，鸾章光映壁奎间。献诗陈雅愚臣事，况见赓歌气象还。"

"鹰扬宴"是武科考乡试放榜后而设的宴会。清制，武乡试放榜后，考官和考中武举者要共同参宴庆贺，其宴就叫"鹰扬宴"。清吴荣光《吾学录·贡举》载："武乡试揭晓翼（翌）日，燕（宴）监射主考执事各官及武举于顺天府，日鹰扬燕（宴），仪与鹿鸣燕（宴）同。"所谓"鹰扬"，乃是威武如鹰之飞扬之意，取自《诗经》

第八章　登科
——春风得意马蹄疾，一日看尽长安花

"维师尚父，时维鹰扬（大意是颂扬太公望的威德如鹰之飞扬）"之句。鹰扬既是对新科武举人的勉励，又是考官们的自诩。

"会武宴"是武科考殿试放榜后举行的宴会。古代科举，自唐开始，武科殿试放榜后都要在兵部为武科新进士举行宴会，以示庆贺。名曰"会武宴"。这在清吴荣光的《吾学录·贡举》中也有记载："《通礼》武殿试传胪后，燕（宴）有事各官暨诸进士于兵部，曰会武燕（宴）。"清梁章钜《浪迹丛谈·武生武举》也云："文称鹿鸣宴，武称鹰扬宴，人皆知之；文进士称恩荣宴，而武进士称会武宴，则罕有知者。"武科殿试不同于武科乡试，故会武宴的规模比鹰扬宴要气派得多，排场浩大，群英聚会，盛况空前。

除了官方举办的宴会，有一个民间宴会也尤为著名，这就是"曲江宴"。在唐代，殿试放榜后，新科进士们自己集资，在风景如画的曲江亭子大摆宴席，称曲江宴。游园时挑选少年俊秀者二三人为探花使，亦称"探花郎"，遍游名园，折取名花，故而曲江宴又称"探花宴"。当此之时，新进士置身在美人、鲜花和醇酒之中，出尽风头。长安城中半数以上的民众以艳羡的目光一睹进士的风采，而王公大臣也往往乘机选择乘龙快婿。

盛大的宴会有时引起皇帝的关注，皇帝也会在到紫云楼垂帘观看。当时曲江宴盛行，以致产生了一个专门包办宴会的组织，叫做"进士团"，"进士团"为新中进士举办宴席办出了经验，一年的没有办完，第二年的已经在准备之中。史书记载说，"进士团"的曲江宴，"四海之内，水陆之珍，靡不毕备"。

登科贺词

金榜题名,是莘莘学子梦寐以求的结果,也是家长们最欣慰最自豪的事情。为了表达自己高兴的心情,请亲朋好友欢庆一番是人之常情。作为被邀请的客人,赴宴时可以携带鲜花、对联、香槟、书籍、学习用品作为礼物。当然也要事先准备好恭喜学子升学的贺词。

庆祝宴会上,来宾致贺词的主旨一是庆祝,二是祝愿。如果是学子家族的长辈致贺词,可以谈一些学子成长过程中有趣的往事,最后从一个长辈的角度,对学子提出希望、忠告或谈一些经验。如果是学子父母的朋友致贺词,可以谈一些自己眼见的父母培养孩子的辛劳,不仅要向学子表示祝贺,更要向学子的父母表达恭喜之情。

而毕业典礼即是庆祝这一重要事件的仪式。在这一仪式上,校长或者教师代表肩负重任,他们要向毕业生表达由衷的恭贺,以及对毕业生不舍的感情和深切的期待,有时候还要对毕业生提出一些人生忠告;毕业生代表要代表自己更要代表全体毕业生表达在这一特殊时刻对这一特殊事件的感受、感情和认识;家长代表则要以嘉宾的身份发言,表达对学校及老师的感谢,以及对学生的希望。

如何在毕业典礼上做一次令人印象深刻的、让人受益匪浅的致辞是值得认真思考的问题。

讲话中,简要的回顾是必要的,因为毕业致辞是一个阶段的重要总结,是继往开来的转折点,因此一定要总结和回顾过去。可抓住生活中的一些有代表性的镜头,也可以总结学生时代的收获。美好的祝愿是致辞中最具鼓舞性的内容。真诚的祝愿是发自内心的、美好的。

在毕业典礼的致辞中,校长、教师代表或者家长代表的忠告很可能会让学生终生受益。感人心者莫先乎情,致辞者总是以自己的情感之火点燃听众的感情之火,以自己炽烈的情感之手拨动听众的心弦。从而使其动情,引起共鸣。达到影响听众、征服听众的目的。

升学典礼

范文一:

北京邮电大学开学典礼上校长贺词

各位同学、各位老师:

大家好!

在历经了艰辛的高考和辉煌的北京夏季奥运会与残奥会后,今天你们来到了北京邮电大学,在这金秋的时节,我们在宁静的宏福校区隆重举行北京邮电大学2008级本科新生开学典礼。在这次百年企盼的北京奥运会上,五个福娃构筑了一句简洁、经典又亲切的话语—"北京欢迎你"!在此,我想再添上四个福娃,构成"北京邮电大学欢迎你"!对于这四个新福娃来说,我不准备再用"优优""点点"这样的谐音来赋予他们名字,我要起用的是"厚德""博学""敬业""乐群"这四个名字。之所以用这四个词语,是因为"厚德、博学、敬业、乐群"是北京邮电大学的校训,也是我今天演讲的主题,在此,我郑重地要求你们每一位同学要记住这个校训。

一、厚德

"厚德"语出《易经·坤卦》:"坤厚载物,德合无疆",就是说大地因宽广深厚而能承载万物，故能以好的品行造福万物而无所不包容。《易经-坤卦》曰："地势坤，君子以厚德载物。"清华大学的校训"自强不息、厚德载物"即源于此。

可以看出，"厚德"是要求我们应当以大地为楷模，胸怀宽广，以高尚的德行来包容万物。今年，汶川大地震重重地撞击着我们的身心，有超过八万七千七百多人死亡和失踪，一千多万人失去家园。在你们当中，也有来自灾区的同学。从地震发生后，全国人民一同感受了汶川大地震的悲壮，也一同见证了风雨同舟、生死与共的强大的民族精神，更一同弘扬了五千年中国文化的生死相依，不离不弃的厚德积淀！为保证灾区新同学入学不受影响。学校采取了建设绿色通道、募集灾区学生专项基金、提供补助等一系列措施，以多种方式来传递关爱。而你们的学长们，更向社会诠释了灾区大学生的风采。

上个月《中国教育报》专门报道了来自北川的北邮大四学生张正洵的事迹：汶川大地震使他失去了十多位亲人，但他还是参加了今年首都大学生暑期社会实践团。到位于龙门山断裂带的什邡市，走进了师占镇云西小学。开始了他们暑期服务灾区的实践生活。他向孩子们说："我接受了太多人的帮助和关爱，所以我选择坚强，我都能站起来，你们也一定能"！他把自己所得到的爱又传递给了灾区的孩子们。这就是北邮的大学生所具有的服务社会、奉献社会的强烈责任感！"厚德"中的这个德字，古代写作"上直下心"，直心即德也，就是说"德"指的是一颗天真率直的心。真心谓之德，真情谓之亲。大学的宗旨不仅在于教授科学文化知识，还要培养人的高尚品德。在大学中，同学们不仅需要收获知识，更要加强自我修养，净化自我心灵，陶冶自我情操，做一个品德高尚、胸怀博大的人，做一个人格健全、和谐发展的人！

二、博学

"博学"语出《礼记·儒行》："儒有博学而不穷，笃行而不

第八章 登科
——春风得意马蹄疾，一日看尽长安花

倦"，就是说学者应该学无止境，锲而不舍。其核心是要求我们通过刻苦学习和实践，以获得广博的知识。《论语－子张》云："子夏曰：博学而笃志，切问而近思，仁在其中矣"，复旦大学的校训"博学而笃志、切问而近思"即源于此；《礼记－中庸》亦云："诚之者，择善而固执之者也：博学之、审问之、慎思之、明辨之、笃行之"，中山大学的校训"博学、审问、慎思、明辨、笃行"即源于此。可以看出，这些都是古人对学者应该如何增进学业，修养人格所提出的基本要求，其中，强调的是以博学为先。同学们，入学以后，你们会接触到各种各样的国内乃至国际大学生知识竞赛，以展现大学本科生的相关技术能力，这也是展示诸位之博学的舞台。在这方面，你们的学哥学姐们让北京邮电大学一直保持在领跑者的方阵中，让学校老师感到非常的自豪和骄傲！我可以随手拈出几个例子：去年，我校在全国智能机械挑战杯赛中，获得北京赛区冠军，全国总决赛第二名，在微软创新杯全球学生大赛嵌入式开发专题中，我校1个队进入全球前15名，5个队进入全球200强；今年，我校在北京市"EB杯"大学生电子设计竞赛中，有22个队获竞赛一等奖，名列北京市高校第一；在国际大学生数学建模竞赛中，有1个队获特等奖，4个队获一等奖，名列各高校前茅……我在面试一位外校来的保研的学生时，他告诉我他过去不参加各类竞赛，因为他觉得不太可能拿到名次。但后来他发现一些参赛的同学原本对所参赛的内容并无基础。通过参赛之后对该内容有了极为深入的见地。才意识到对自己来说参赛重要的在于过程。结果只是对程度的衡量。因而他也开始关注于大学生竞赛了。随着类似的赛事年复一年地举行，参加拼搏的队伍也一级接一级地接替，你们很快将是主力军，你们当中许许多多富有才华的同学，也一定会为北邮争光，在你们的身上让北邮的声誉再续辉煌！希望你们在北邮的四年里既要夯实专业基础，注重知识上的积累，又要开阔视野，博览群书，既要重视学习能力、思辨能力、创新能力的提高，又要敢于质疑，富于挑战，突破常规，力争一流。

三、敬业、乐群

请大家注意，我之所以把"乐群"发音为"要群"，是因为"敬业乐（yao）群"是一个古成语，古音为"要"，语出《礼记·学记》中关于隔年考试的说明："一年视离经辨志；三年视敬业乐群。五年视博习亲师；七年视论学取友，谓之小成。"就是说，第三年就要考察学子是否能够潜心学习、融入群体。我们强调敬业乐（yao）群，就是要求我们的学生能够专心学业，热爱自己的专业，能够团结同学、相处融洽、诚信宽容、厚生益众，热爱集体、同舟共济。宋代大儒程颐曾说："所谓敬者，主一之谓敬；所谓一者，无适之谓一"。就是说，凡是做一件事，便要专心于一件事，将全副精力集中到这件事上头，一点不旁骛，这便是敬。

梁启超先生说："所以敬业主义，于人生最为必要，又于人生最为有利"。《庄子·达生》中孔子评价一老者："用志不分，乃凝于神"；《礼记·中庸》中说："君子索其位而行，不愿乎其外"，这都是讲敬业的方法与道理。敬业包含爱业、勤业、精业、创业等多种境界，意谓热爱岗位、忠于职守、笃学求精、献身创新，具备为社会发展而奉献的价值追求和勤恳作风。在北京奥运会的闭幕式上，同学们可能会注意到国际奥委会临时增加了一个仪式，由新任国际奥委会运动员委员向中国各地的 7 万名赛会志愿者、40 万名城市志愿者和 100 万名社会志愿者的代表献花。

我要让你们知道，这些接受鲜花的志愿者们也代表了北京邮电大学以本科生为主的 2411 名各类志愿者。我校作为国家会议中心击剑馆的主责单位和奥林匹克公园公共区、奥林匹克博览会等其他非竞赛场馆和服务场所的参与单位，累计参加各类志愿服务三万多人次，平均每人累计服务时间超过一百小时。

你们的学哥、学姐们，高擎"奉献、友爱、互助、进步"的志愿者旗帜。不辞辛苦。用微笑和细致的服务，将敬业精神淋漓尽致地展示给了世界人民。为北邮赢得了无上的荣耀。在城市志愿者服

第八章　登科
——春风得意马蹄疾，一日看尽长安花

务站点的评选活动中，我校的枫蓝国际站点被评为最高的五星级。应该说他们是我校志愿者的光荣代表，更是全体志愿者无私奉献的缩影和写照。我们本科生中06级的冯时、07级的赵文乔还有幸当选为2008年北京奥运火炬手，他们以其独有的敬业精神充分展现了北邮人的魅力风采，这些人都在你们的身边。同学们，你们从中学校门踏入大学校门，这是人生的一个重大转折。你们将从家庭生活转变为集体生活；从家庭中的王子、公主，转变为群体中的普通一员，从衣食住行皆有家长照料，转变为独立行事的自主生活模式。因此，你们要适应这种转变，要多参加集体活动，学会与大家共处，用开朗、乐观的态度对待生活与学习，要本着与人为善的原则，本着"乐群"的精神，相互理解、相互尊重、相互宽容、相互帮助、相互支持、相互提高，努力去营造北邮宽松和谐的人文环境。

同学们，贝贝、晶晶、厚德、博学、敬业、乐群、欢欢、迎迎、妮妮，这九个福娃对你们充满了期待，北京邮电大学欢迎你！祝贺你们通过了时代的遴选，也感谢你们选择了北邮！北京邮电大学因你们的追求和理想而存在，让你们在德智体美劳诸方面全面发展是北京邮电大学的责任。同学们，期待你们能以实际行动来实现自己的梦想，用你们的收获来回馈赐予你们生命、给予你们幸福的人，通过你们的奋斗和创造使北邮变得更加精彩！

谢谢大家！

范文二：

俞敏洪在北京大学2008年开学典礼上贺词

尊敬的各位领导、老师、校友、同学：

有一个故事说，能够到达金字塔顶端的只有两种动物，一是雄鹰，靠自己的天赋和翅膀飞了上去。我们这儿有很多雄鹰式的人物，很多同学学习不需要太努力就能达到高峰。很多同学后来可能很轻松地就能在北大毕业以后进入哈佛、耶鲁、牛津、剑桥这样的名牌大学继续深造。有很多同学身上充满了天赋，不需要学习就有这样的才能。比如说我刚才提到的我的班长王强，他的模仿能力就是超群的，到任何一个地方，听任何一句话，听一遍模仿出来的绝对不会两样。所以他在北大广播站当播音员当了整整四年。我每天听着他的声音，心头咬牙切齿充满仇恨。

所以，有天赋的人就像雄鹰。但是，大家也都知道，有另外一种动物，也到了金字塔的顶端，那就是蜗牛。蜗牛只能是爬上去，从底下爬到上面可能要一个月，两个月，甚至一年、两年。在金字塔顶端，人们确实找到了蜗牛的痕迹。我相信蜗牛绝对不会一帆风顺地爬上去，一定会掉下来，再爬，掉下来，再爬。但是，同学们所要知道的是，蜗牛只要爬到金字塔顶端，它眼中所看到的世界，它收获的成就，跟雄鹰是一模一样的。

所以，也许我们在座的同学有的是雄鹰，有的是蜗牛。我在北大的时候，包括到今天为止，我一直认为我是一只蜗牛。但是我一直在爬，也许还没有爬到金字塔的顶端。但是只要你在爬，就足以给自己留下令生命感动的日子。

我们这儿有富裕家庭来的（学生），也有贫困家庭来的（学生），生命的起点由不得你选择，但是生命的终点是由我们自己选择的。只要有两样东西在心中，我们就能成就自己的人生。

第一样叫做理想。我从小就有一种感觉，希望穿越地平线走向远方，我把它叫做"穿越地平线的渴望"。也正是因为这种强烈的渴望，使我有勇气不断地高考。当然，我生命中也有榜样。比如我有一个邻居，非常有名，是我终生的榜样，他的名字叫徐霞客。当然，是五百年前的邻居。但是他确实是我的邻居，江苏江阴的，我也是江苏江阴的。因为崇拜徐霞客，直接导致我在高考的时候地理成绩考了九十七分。也是徐霞客给我带来了穿越地平线的这种感觉，所以我也下定决心，如果徐霞客走遍了中国，我就要走遍世界，而我现在正在实现自已这一梦想。所以，只要你心中有理想，有志向，同学们，你终将走向成功。你所要做到的就是在这个过程

第八章　登科
——春风得意马蹄疾，一日看尽长安花

要有艰苦奋斗、忍受挫折和失败的能力，要不断地把自己的心胸扩大，才能够把事情做得更好。

第二样东西叫良心。什么叫良心呢？就是要做好事，要做对得起自己对得起别人的事情，要有和别几分享的姿态。要有愿意为别人服务的精神。有良心的人会从你具体的生活中间做的事情体现出来。而且你所做的事情一定对你未来的生命产生影响。我来讲两个小故事，讲完我就结束我的讲话，已经占用了很长的时间。

有一个企业家和我讲起他大学时候的一个故事，他们班有一个同学，家庭比较富有，每个礼拜都会带6个苹果到学校来。宿舍里的同学以为是一人一个，结果他是自己一天吃一个。尽管苹果是他的，不给你也不能抢，但是从此同学留下一个印象，就是这个孩子太自私。后来这个企业家做成功了事情，而那个吃苹果的同学还没有取得成功，就希望加入到这个企业家的队伍里来。但后来大家一商量，说不能让他加盟，原因很简单，因为在大学的时候他从来没有体现过分享精神。所以，对同学们来说在大学时代的第一个要点，你得跟同学们分享你所拥有的东西，感情、思想、财富，哪怕是一个苹果也可以分成6瓣大家一起吃。因为你要知道，这样做你将来能得到更多，你的付出永远不会是白白付出的。

我再来讲一下我自己的故事。在北大当学生的时候，我一直比较具备为同学服务的精神。我这个人成绩一直不怎么样，但我从小就热爱劳动，我希望通过勤奋的劳动来引起老师和同学的注意。所以我从小学一年级就一直打扫教室卫生。到了北大以后我养成了一个良好的习惯，每天为宿舍打扫卫生，这打扫就打扫了4年。所以我们宿舍从来没排过卫生值日表。另外，我每天都拎着宿舍的水壶去给同学打水，把它当做种体育锻炼。大家看我打水习惯了，最后还产生这样一种情况，有的时候我忘记打水，同学就说"俞敏洪怎么还不去打水"。

但是我并不觉得打水是件多么吃亏的事情。因为大家都是一起同学，互相帮助是理所当然的。同学们一定认为我这件事情白做

了。又过了10年,到了1995年年底的时候新东方做到了一定规模,我希望找合作者,结果就跑到美国和加拿大去寻找我的那些同学,他们在大学的时候都是我生命的榜样,包括刚才讲到的王强老师等。我为了诱惑他们回来还带了一大把美元,每天在美国非常大方地花钱,想让他们知道在中国也能赚钱。我想大概这样就能让他们回来。后来他们回来了。但是给了我一个十分意外的理由。他们说:"俞敏洪,我们回去是冲着你过去为我们打了4年水。"他们说:"我们知道,你有这样的一种精神,所以你有饭吃肯定不会给我们粥喝。所以让我们一起回中国,共同干新东方吧。"才有了新东方的今天。

人的一生是奋斗的一生。但是有的人一生过得很伟大,有的人一生过得很琐碎。如果我们有一个伟大的理想,有一颗善良的心,我们一定能把很多琐碎的日子堆砌起来,变成一个伟大的生命。但是如果你每天庸庸碌碌,没有理想,从此停止进步,那未来你一辈子的日子堆积起来将永远是一堆琐碎。所以,我希望所有的同学能把自己每天平凡的日子堆砌成伟大的人生。

毕业典礼

范文一:

大学毕业典礼校长贺词

尊敬的各位家长、各位老师,亲爱的同学们:

杜鹃花谢,芙蓉花开,每年的今天,我们都要带着难舍难分的情怀相聚在这个礼堂,为即将离开××怀抱的孩子作最后的送别。在此,我代表学校及我个人的名义,向通过不懈努力顺利完成学业的全体毕业生表示热烈的祝贺!向辛勤耕耘、教书育人的全体教职员工表示衷心的感谢!

刚刚给孩子们颁发证书时。我的内心非常激动。看着同学们手持毕业证,身着学位服,笔直地站在主席台上,我感到非常的欣

第八章　登科
——春风得意马蹄疾，一日看尽长安花

慰，因为又一批孩子在××长大成人了。同学们，今天将是你们终生难忘的日子。今天是你们对母校最后的依偎，也是你们放飞梦想、扬帆远航的新开始。

××大学拥有×年的历史，近年来在政府的扶持下，在各方人士的关心下，取得了飞速的发展。××拥有严格教育和管理体制，拥有强大的师资。××年来，她人才辈出，硕果累累，为国家经济建设和社会发展作出了重要的贡献。每当一批又一批优秀的学生从××毕业，我感到无比自豪。在××，同学们获得了知识，提高了独立生活的能力，懂得了做人的道理；在××，同学和老师之间、同学们之间建立了终生难忘的友谊。

知识改变命运，勤奋成就未来。今天，我们高兴地看到，在××，同学们完成了由铁到钢的锻造过程。现在的你们敢于思考、勤于思考、善于思考，逐步确立了生活的目标和远大的理想。

同学们，在你们满怀豪情，即将踏上新的征程的时候，在向你们依依告别之时，我代表学校送给你们五颗心：雄心是成功路上的指南针，信心是永远不放弃的呼唤，热心是成功者的胸怀，耐心是驱赶困难的利剑，责任心是迈向成功的必然，愿这五心陪伴你们走向成功。

最后，祝福孩子们事业有成！祝愿我们的学校越来越强大！祝各位老师、家长身体健康、万事如意！

范文二：
在耶鲁大学毕业典礼上美国前总统布什的贺词

大家好！

我很荣幸能在这个场合发表演讲。

我知道，耶鲁向来不邀请毕业典礼演讲人，但近几年来却有例外。虽然破了例，但条件却更加严格——演讲人必须同时具备两种身份：耶鲁校友、美国总统。我很骄傲在33年前领取到第一个耶鲁大学的学位。此次，我又为荣获耶鲁荣誉学位感到光荣。

今天是诸位学友毕业的日子，在这里我首先要恭喜家长们：恭喜你们的子女修完学业顺利毕业，这是你们辛勤栽培后享受收获的日子，也是你们钱包解放的大好日子！最重要的是，我要恭喜耶鲁毕业生们：对于那些表现杰出的同学，我要说，你真棒！对于那些丙等生，我要说，你们将来也可以当美国总统！

耶鲁学位价值不菲。我时常这么提醒切尼（时任美国副总统），他在早年也短暂就读于此。所以，我想提醒正就读于耶鲁的莘莘学子，如果你们从耶鲁顺利毕业，你们也许可以当上总统，如果你们中途辍学，那么你们只能当副总统了。

这是我毕业以来第二次回到这里。不过。一些人。一些事至今让我念念不忘。举例来说，我记得我的老同学狄克布洛德翰。如今他是学校的杰出校长，他读书时的聪明与刻苦至今让我记忆犹新。那时，我们经常泡在校图书馆那个有着大皮沙发的阅读室里。我们有个默契：他不大声朗读课文，我睡觉不打呼噜。

后来，随着学术探索的领域不同，我们选修的课程也各不相同，狄克主修英语，我主修历史。有趣的是，我选修过15世纪的日本俳句——每首诗只有17个音节，我想其意义只有禅学大师才能明了。我记得一位学科顾问对我选修如此专精的课程表示担忧，他说我应该选修英语。现在，我仍然时常听到这类建议。我在其他场台演讲时，在语言表达上曾被人误解过，我的批评者不明白：我不是

第八章　登科
——春风得意马蹄疾，一日看尽长安花

说错了字，我是在复诵古代俳句的完美格式与声韵呢。

我很感激耶鲁大学给我们提供了这么好的读书环境。

读书期间，我坚持"用功读书，努力玩乐"的思想，虽然不是很出色地完成了学业，但结交了许多让我终生受益的朋友。也许有的同学会认为，大学只是人生受教育的重要部分，殊不知，"大学生活"这四个字的内涵十分深厚，它既包含丰富的学科知识和学术氛围，也蕴涵着许多支撑人生成败的观念，还有那丰富多彩的生活以及诸多值得结交的朋友。大家常说，"耶鲁人"，我从不确定那是什么意思。

但是我想，这一定是含着无限肯定与景仰的褒义词。是的，因为耶鲁，因为有了在耶鲁深造的经历，你、我、他变成了一个个更加优秀的人！你们离开耶鲁后，我希望你们牢记"我的知识源自耶鲁"，并以你们自己的方式、自己的时间、自己的奋斗来体现对母校的热爱，听从时代的召唤，用信心与动力予以积极响应。

你们每个人都有独特的天赋，你们拥有的这些天赋就是你们参与竞争、实现人生价值的资本，好好利用它们，与人分享它们，将它们转化为推进时代前进的动力吧！人生是要让我们去生活、而不是用来浪费的，只要肯争上游。人人都可当总统！

这次我不仅回到母校，也回到我的出生地，我就是在几条街之外出生的。在那时，耶鲁与无知的我仿佛要隔了一个世界之遥，而现在，她是我过去的一部分。对我而言，耶鲁是我知识的源泉、力量的源泉，令我极度骄傲的源泉。我希望，将来你们以另外种身份回到耶鲁时，能有与我一样的感受并说出相同的话。我希望你们不要等太久，我也坚信耶鲁邀请你回校演讲的日子也不会等太久。

就职庆典贺词

"就职演说"作为讲话类文体的一种特殊形式,近几年颇受关注。大凡有人担任新的领导职务,走马上任之时总得凭就职演说在公众面前亮一亮相。这样的"开场白"一旦开好了,给人留下美好的第一印象且不说,还能尽快地树立起自身的威信,甚至把属下的积极性最大限度地调动起来,让人因此受到振奋和鼓舞,所以,"就职演说"这种文体的使用技巧,确有值得研究之处。

一、"就职演说"贵在情感鲜明、自然真挚

"感人心者,莫先乎情",就职演说尤贵于此。对所有就职者而言,恳切的言辞是打动听众的关键因素之一。就职演说毕竟不同于述职报告,不是以总结回顾取胜。它所凭借的一个重要因素是就职演说者发自内心的那份真情,从而赢得听众的喝彩。所以,使用这一文体的人,还应从刘勰的《文心雕龙》篇里多受点启发:"深乎风者,述情必显。"

任职之初要亮相于公众的面前。演说无疑是就职者整体风貌的一次全面展示,他的工作动机、思想作风、风格效率等,无一不是通过演说而集中地表现出来。他倾吐的是不是肺腑之言,人们一听便明。所以只要发诸真情、能如风行水上,就可打动听众,给人留下深刻的印象,从而获得普遍的好感。

二、"就职演说"贵在关注受众、切合心理

就职演说能否博得众人的认可和赞许。还要看能否抓住受众最

关心的热点问题。人们听就职者演说，无非是关心他下一步将如何领导这个单位和集体，他将在哪些方面有所发展和突破，所以，就职演说贵在"意切"，即要紧扣人们当前所关心的问题，把握住事物的发展方向，真正说到点子上，凝聚起部属的工作热情，奠定起发展的民心"基石"。

三、"就职演说"贵在简洁干练、要言不烦

人们常说"风格即人"。在今天这个快节奏的社会里面，连篇累牍、长篇大论的演说不可能引起人们的好感，就职演说者应特别注意到这一点。过于繁冗拖沓只能使人厌烦，因此取胜之要诀就在于简明快捷、要言不烦。就职者的工作作风、办事风格，人们从其演说辞中即可"窥见一斑"：高明的就职演说者理应尽量压缩自己演说的内容，忌长不忌精。处于就职演说这样一个特定的场合，最要紧的是怎样把公众最最关心的问题简要讲明；反之，不仅会淹没演说辞中的闪光点，也会给人形成拖沓乃至"大而空"之感觉。可见，就职演说尽量做到短小精悍，这并非演说辞本身篇幅长短的问题，更主要的在于它是演说者作风是否干练快捷的外在显示。

科学合理地安排和处理演说的内容，巧妙地运用表达技巧，有助于增强实际表达效果，以便使演说打动受众。为此，理顺演说的内容使之条理化应成为首先考虑的问题。通畅的演说脉络，最容易使受众切实感受到演讲的这位领导的确是思路清晰，他将来的工作也可能会像演说一样有条不紊。

就职

范文一：

某公司总经理就职演说

尊敬的各位朋友：

大家好！

我是××,从××月××日开始就任××有限公司总经理。

我们公司是××型企业,长期以来,它一直以及时为顾客提供质优价廉的××为宗旨。但遗憾的是,到目前为止,我们公司尚未建成能实现这种使命的坚实基础。作为总经理,我将进一步加强经营管理,不断发展壮大我们的公司。并继续为客户及时提供价格低廉、品质优良的××,使之在今后更加残酷的市场竞争中脱颖而出。为实现这一目标,我也将重新整合、加强公司内部各种组织结构和制度建设。

因此,为了我们共同的目标,我希望各位干部平时能成为员工学习的典范,发挥模范带头作用,更加自觉自律,名副其实地尽职尽责。

希望大家能身怀××人的骄傲与觉悟,做为一名合格的社会人,以"通过自我磨炼实现个人成长"的强烈意识工作。营造和谐愉快、干劲十足的职场氛围是大家的共同愿望。相互尊重,不断交流,让我们的职场一天更比一天好!

对于能同诸位一起工作,我是非常期待,同时也对各位表示衷心的感谢,真诚地希望大家对我的工作给予更多的支持和帮助。让我们共同努力吧!

谢谢大家!

范文二:
1940年5月13日英国首相丘吉尔就职典礼演说

上星期五晚上,我接受了英王陛下的委托,组织新政府。这次组阁,应包括所有的政党,既有支持上届政府的政党,也有上届政府的反对党,显而易见,这是议会和国家的希望与意愿。我已完成了此项任务中最重要的部分,战时内阁业已成立,由5位阁员组成,其中包括反对党的自由主义者,代表了举国一致的团结三党领袖已经同意加入战时内阁,或者担任国家高级行政职务。三军指挥机构已加以充实。由于事态发展的极端紧迫感和严重性。仅仅用一天时

第八章　登科
——春风得意马蹄疾，一日看尽长安花

间完成此项任务。是完全必要的。其他许多重要职位已在昨天任命。我将在今天晚上向英王陛下呈递补充名单，并希望于明日一天完成对政府主要大臣的任命。其他一些大臣的任命，虽然通常需要更多一点的时间，但是，我相信会议再次开始时，我的这项任务将告完成，而且本届政府在各方面都将是完整无缺的。

我认为，向下院建议在今天开会是符合公众利益的。议长先生同意这个建议，并根据下院决议所授予他的权力，采取了必要的步骤。今天议程结束时，建议下院休会到5月21日星期二。当然，还要附加规定，如果需要的话，可以提前复会。下周会议所要考虑的议题，将尽早通知全体议员。现在，我请求下院，根据以我的名义提出的决议案，批准已采取的各项步骤，将它记录在案，并宣布对新政府的信任。

组成一届具有这种规模和复杂性的政府，本身就是一项严肃的任务。但是大家一定要记住，我们正处在历史上一次最伟大的战争的初期阶段，我们正在挪威和荷兰的许多地方进行战斗。我们必须在地中海地区做好准备，空战仍在继续，众多的战备工作必须在国内完成。在这危急存亡之际，如果我今天没有向下院作长篇演说，我希望能够得到你们的宽恕。我还希望，因为这次政府改组而受到影响的任何朋友和同事，或者以前的同事，会对礼节上的不周之处予以充分谅解，这种礼节上的欠缺，到目前为止是在所难免的。正如我曾对参加本届政府的成员所说的那样，我要向下院说："我没什么可以奉献，有的，只是热血、辛劳、眼泪和汗水。"

摆在我们面前的，是一场极为痛苦的严峻的考验。在我们面前，有许多许多漫长的斗争和苦难的岁月。你们问，我们的政策是什么？我要说，我们的政策就是用我们全部能力，用上帝所给予我们的全部力量，在海上、陆地和空中进行战斗，同一个在人类黑暗悲惨的罪恶史上所从未有过的穷凶极恶的暴政进行战斗。这就是我们的政策。你们问，我们的目标是什么？我可以用一个词来回答：胜利——不惜一切代价，去赢得胜利，无论多么可怕，也要赢得胜

利,无论道路多么遥远和艰难,也要赢得胜利。因为没有胜利,就不能生存。大家必须认识到这一点:没有胜利,就没有大英帝国的存在,就没有大英帝国所代表的一切,就没有促使人类朝着自己目标奋勇前进的强烈欲望和动力。但是。当我挑起这个担子的时候,我是心情愉快、满怀希望的。我深信,人们不会听任我们的事业遭受失败。此时此刻,我觉得我有权利要求大家的支持,我要说:"来吧,让我们同心协力,一道前进。"

升职

范文一:

新任门店经理在当选电器公司门店经理欢迎宴上的致辞

尊敬的各位领导、亲爱的同事们:

大家晚上好!

在今天上午举办的选举活动上,经过激烈的角逐。我荣幸地当选了我们公司××分店的门店经理。今晚。大家能够在这里为我举行欢迎仪式,我内心十分感动。在这里,我衷心地感谢各位的支持。感谢各位今晚的光临,请让我向各位领导、同事们深深地鞠一躬,谢谢大家!

我到××电器公司工作已经有5年了,一直在××分店工作,先后担任过销售助理和销售副经理。在这个过程中,我积累了丰富的推广和销售经验,赢得了客户及同事们的一致好评。

经过多年的工作经验的积累,带着对这份工作的热爱,我的内心迫切地寻求更好的施展自身能力及才华的舞台。十分感谢公司此次为我提供了这个机会,使我可以充分地展示自己,使大家可以充分地认识我、了解我。此次竞聘不仅是对我的一次重大的考验。同时也是一个重要的激励。通过此次竞聘,我的心理素质以及表达和沟通能力得到了充分的施展和锻炼,同时我也看到了自身的许多不足，明确了未来自我提升的方向。可以说收获颇丰。

很感谢各位最终对我给予了高度的信任和肯定，从今往后，我一定会再接再厉，将各位对我的支持转化为工作的动力。我将努力带领大家实现以下几个目标：第一是协助各部门搞好店面销售，提高岗位执行力，高质量地做好计划、组织、领导、控制和管理工作；第二是努力完善自我，提高工作能力；第三是创新解决问题的方法，加强技术交流和对外协作，第四是加强应用开发，利用先进的方法进行科学管理，提高管理成效。希望大家对我进行严厉的监督，恳切地提出意见和建议，希望我们共同携手，为××门店创造出更优秀的业绩。

最后，我衷心地祝贺大家身体健康、工作顺利、合家欢乐！谢谢大家！

范文二：

新任酒店总经理在欢送会上的致辞

尊敬的各位领导、同事们、朋友们：

大家好！首先，我对总公司领导任命我为××公司总经理表示衷心的感谢，欣喜之余，也感受到了一份沉甸甸的责任。但请各位领导和同事们放心，我一定不会辜负你们的期望与信任，用实际行动，用骄人的业绩回报你们！

根据企业发展需要，总公司对××公司领导班子进行了调整，任命我为××公司总经理，这是对我的极大鼓舞和鞭策。我于××年×月进入公司，到现在已经快××年了。在这近××年的岁月里，我和在座的许多同事同舟共济，共同奋斗，坚持××，紧紧围绕以××为中心，以市场为导向，以优质服务为核心，每年均能超额完成上级组织下达的指标任务，使××呈现出一片欣欣向荣的景象，得到了总公司的好评和赞扬。我忘不了，在我工作有困难时，听到的是同事鼓励的话语，看到的是同事实际的行动，感受到的是同事共挑重担的情意，可以说，各位同事就是我的军师，我强大的后盾。所有这些成绩的取得，离不开上级组织的正确领导，离不开公司"××"重要思想的正确指引，离不开诸位同事的共同努力，离不开各部门的扎实工作，离不开老领导、老同志的关心爱护和大力支持，在此。我向你们表示衷心的感谢！

　　由于个人能力和水平有限，我在工作中曾给大家造成许多困扰，对此，我向大家表示深深的歉意。

　　从今天开始，我正式担任××公司总经理职务，我将以踏踏实实的工作作风、勤勤恳恳的工作态度，尽职尽责地干好每一项工作，认真听取各方面的意见和建议。加强学习。全身心地投入工作。在此也真诚地希望在座的同仁，能一如既往地关心支持我的工作，多提批评意见，同时，我衷心希望总公司能给予我们在物力、人力、财力等多方面充分的支持和帮助。

　　最后，让我们共同举杯，祝××公司的明天更加辉煌！

　　谢谢！

贺词佳句赏析

　　◆朝晖不会落进昏睡者的瞳仁。追求美，才能得到美！——愿我们永远做一个醒着的追求者！

　　◆人生何处不相逢，今天的握手告别，必将迎来日后的再次相聚，让我们为了各自的理想擦干眼角的泪，上路！

　　◆不要乞求清冷而遥远的星光来照耀人生：让自己心中的太阳升起来，这样才会一辈子散热发光。

　　◆好兄弟！今年的高考属于你！相信自己，你是最棒的！祝你

第八章　登科
——春风得意马蹄疾，一日看尽长安花

在高考中旗开得胜！一鸣惊人！金榜题名！

◆学无止尽，有形的学业固然完成，但并不代表你能持之傲然天下，聪明的头脑要靠丰富的知识来不断填充才能显得更聪明，就好像健康的体魄要经过不断的锻炼才能保持一样！

◆度过黑色七月，经过蓝色八月，迎来了金色九月，一个属于莘莘学子的幸运之月。祝你学习更上一层楼！

◆功夫不负苦心人。祝贺你，终于成功了！

◆多年的寒窗苦读。终于赢得了这一激动人心的时刻。真心地祝贺你，金榜题名！

◆风儿静静地吹，凤凰花吐露着嫣红，不久就要各奔西东；但是不要忘记彼此的约定：金榜题名，高考成功。

◆十年圆一梦，终身难感恩。××同学生性忠厚，秉承了何氏家风；勤奋好学，递传了民族美德。他能取得今天的成绩，离不开老师的苦心栽培和谆谆教诲；离不开父母多年来的精心哺育和细心呵护，离不开亲友同窗的关心和帮助。希望何泽宇同学不忘师恩，不负众望，百尺竿头，更进一步。

◆福气东来，鸿运通天！否极泰来时重伸鲲鹏之志，惜时勤业中展君无限风采，恭祝你步步高升。

◆自治之光，众望所归，为民喉舌，为民前锋，宏扬法治，辅政导民，民主之光，为民造福，光大廉政，造福桑梓。

◆祝君升职加薪拿奖金，火旺人气交好运，平安健康美好临，快乐幸福吉祥品，万事如意皆开心！

◆莘莘学子，征程漫漫。开学之际祝各位同学在新的学期脚踏实地勤好学，足履大道出人才！

◆"欲穷千里目，更上一层楼。"希望同学们在新学期里积极向上，大显身手，发展自己的个性特长，全面提高自己的综合素质。

◆"宝剑锋从磨砺出，梅花香自苦寒来。"成功之花是用辛勤的汗水浇灌出来的。无论何时，同学们都需要刻苦自觉的精神，都

需要顽强拼搏的勇气。

◆"问渠哪得清如许，为有源头活水来。"一泓清池，必须不断有清泉的注入，否则，即使不干涸，也很容易混浊。读书也是一样，读书贵在持之以恒，要用心去感悟每一本书每一个文字。

◆播种一个信念，收获一个行动；播种一个行动，收获一个习惯；播种一个习惯，收获一个性格；播种一个性格，收获一个命运。同学们，好好播种，好好把握吧！

◆"少壮不努力，老大徒伤悲。"亲爱的同学们，请珍惜每一个晴朗的早晨，全身心地投入学习。让那灿烂的朝阳点缀我们的壮丽人生。

◆"一年好景君须记，最是橙黄橘绿时。"秋天是多彩的季节。是收获的季节，我们更应该满怀信心，不要等待，不要迷茫，新的远征已经开始，相信我们会与你在通向成功的路上同行。

◆青春的脸永远洋溢着开心的笑容，收拾行李让我们带上满满的希望，踏上充满欢乐有趣的求学旅程，相信自己，明天的路上将收获无限的欢乐！

◆只要有美好的梦想，心里就会开花。只要有拼搏的精神，就有前进的脚步。愿新的学期里你迈出的脚步更靠近梦想，你的心灵会有更多的花开！

◆为理想奋斗，值得；为青春拼搏，无悔；为生命歌唱，最美。亲爱的朋友，新学期，让我们绽放光彩，永不止步，向前冲！

◆人生也许是场马拉松赛跑，奔跑在途中的名次不能算数。只有率先越过终点线，才是定局。新学期是新的起跑线！

第九章 开闭幕
——虎啸昂首高歌去，玉兔喜跃气象新

开幕词的主要特点是宣告性和引导性。不论召开什么重要会议，或开展什么重要活动，按照惯例，一般都要由主持人或主要领导人致开幕词，这是一个必不可少的程序，标志着会议或活动的正式开始。

闭幕词与开幕词一样，具有简明性和口语化两个共同特点，其种类与开幕词相同。凡重要会议或重要活动，与开幕词相对应，一般都有闭幕词，这是一道必不可少的程序，标志着整个会议或活动的结束。

开幕贺词

开幕词也可以叫做开场白。何谓开场白？开场白就是活动、仪式或者会议正式开始前用来烘托气氛的致辞。开幕词的主要特点是宣告性和引导性。不论召开什么重要会议，或开展什么重要活动，按照惯例，一般都要由主持人或主要领导人致开幕词，这是一个必不可少的程序，标志着会议或活动的正式开始。

开幕词通常要阐明会议或活动的性质、宗旨、任务、要求和议程安排等，集中体现了大会或活动的指导思想，起着定调的作用，对引导会议或活动朝着既定的正确方向顺利进行，保证会议或活动的圆满成功，有着重要的意义。

它的作用是运用热情洋溢、喜庆的语言，向观众表明活动的主题，渲染温馨、热闹的气氛，激起欢乐的浪花，引领观众尽快进入状态。

开幕词一般包括开头，主体和结尾三部分。

开头部分：

一般开门见山地宣布会议开幕。也可以对会议的规模及与会者的身份等作简要介绍，如"参加这次大会的代表有××人，其中有来自……"，并对会议的召开及对与会人员表示祝贺。需要说明的是，开头部分即使只有一句话，也要单独列为一个自然段，将其与主体部分分开。

主体部分：

这是开幕词的核心部分。通常包括三项内容：

（1）阐明会议的意义，通过对以往工作情况的概括总结，和对当前形势的分析，说明会议是在什么形势下，为了解决什么问题和

第九章　开闭幕
——虎啸昂首高歌去，玉兔喜跃气象新

达到什么目的召开的；

（2）阐明会议的指导思想，提出大会任务，说明会议主要议程和安排；

（3）为保证会议顺利举行，向与会者提出会议的要求。

结尾部分：

主要是提出会议任务、要求和希望。开幕词的结束语要简短、有力，并要有号召性和鼓动性。写法上常以呼告语领起一段，用"预祝大会圆满成功"作为结束。

人们常说"良好的开端是成功的一半"，作为一个活动的前奏，开场白说得好，能使活动在一开始就紧紧吸引人的眼球，抓住人心。所以，开场白一定要努力创造出"转轴拨弦三两声，未成曲调先有情"的良好氛围，为活动的正式开始蓄势兴波。只要做到了这一点，一个活动就成功了一半。

著名作家孙犁在《好的语言和坏的语言》一文中把文章的内容形象地比喻为动人的"新娘"，把好的语言比喻为"花轿"。同样，一个活动也是一个美丽温婉的"新娘"，这个活动拨人心弦的台词就是"花轿"。这新嫁娘出嫁，是该愁眉苦脸坐"牛车"还是欢天喜地坐"花轿"，想必此刻您心中已有了明确的答案！

开幕贺词篇幅要求简短，快速切入正题，内容切忌重复、啰嗦；语言要求口语化、富有感情色彩，又要求生动活泼；语气要热请、友好，也要激动、慷慨。

闭幕贺词

闭幕词与开幕词一样，具有简明性和口语化两个共同特点，其种类与开幕词相同。凡重要会议或重要活动，与开幕词相对应，一般都有闭幕词，这是一道必不可少的程序，标志着整个会议或活动

的结束。

闭幕词一般由标题、称呼和正文三部分组成，标题与称呼的写法与开幕词基本相同。在标题和称谓之后，另起一段首先说明会议已经完成预定任务，现在就要闭幕了；然后概述会议的进行情况，恰当地评价会议的收获、意义及影响。

核心部分要写明：会议通过的主要事项和基本精神；会议的重要性和深远意义；向与会人员提出贯彻会议精神的基本要求，等等。一般说来，这几方面内容都不能少，而且顺序是基本不变的。写作时要掌握会议情况，有针对性地对会议内容予以阐述和肯定；同时可以对会议未能展开但都已认识到的重要问题作出适当强调或补充。行文要热情洋溢。文章要简洁有力，起到激发斗志、增强信念的作用。结尾部分一般先以坚定语气发出号召，提出希望，表示祝愿等；最后郑重宣布会议闭幕。

闭幕词出现在会议终了，因此，要写得与开幕词前后呼应、首尾衔接，显示大会开得很圆满、很成功。

闭幕词的特点：

总结性

闭幕词是在会议可活动的闭幕式上使用的文种，要对会议内容、会议精神和进程进行简要的总结会并作出恰当评价，肯定会议的重要成果，强调会议的主要意义和深远影响。

概括性

闭幕词应对会议进展情况、完成的议题、取得的成果、提出的会议精神及会议意义等进行高度的语言概括。因此，闭幕词的篇幅一般都短小精悍，语言简洁明快。

号召性

为激励参加会议的全体成员为会议提出的各项任务而奋斗，增强与会人员贯彻会议精神的决心和信心，闭幕词的行文要充满热情，语言坚定有力，富有号召性和鼓动性。

第九章　开闭幕
——虎啸昂首高歌去，玉兔喜跃气象新

口语化

闭幕词要适合口头表达，写作时语言要求通俗易懂、生动活泼。

文体活动、运动会开闭幕贺词

文体活动开幕式和闭幕式致辞是指在文艺博览会、展览会、艺术节、文化节、电影节等仪式上，或体育赛事开幕式和闭幕式上的致辞。此类活动开幕式致辞，在正文中要介绍活动的主办方、原因、主题、目的等，结尾要提出希望和祝愿，比如"预祝××圆满成功"等话语。

文艺汇演的开幕式致辞，要对文艺汇演的性质和参会人员进行简单说明，开头部分可表达对主办方的感谢和对来宾的问候；主体部分可对文艺汇演的目的、意义等进行阐述；结尾处通常为"预祝演出圆满成功"等祝福性的话语。

闭幕式致辞要对文艺汇演的演出项目、演出情况等进行简单的介绍，阐明演出是否达到了预期的效果，产生了什么样的影响等。结尾处通常表达对参会人员的美好祝愿，并宣布汇演结束。

运动会开幕式可看做是比赛开始前的动员大会，因此开幕式致辞要先对比赛规则进行说明，接着要用具有感染力的语言调动起参赛人员及观众的热情和积极性，为接下来的比赛渲染气氛。闭幕式致辞要对比赛的情况进行简单的总结，例如参赛人数、评比项目等；还要指出比赛中涌现出的优秀运动员及其表现出的比赛精神；最后号召大家向优秀运动员学习。竞技比赛致辞篇幅不宜太长，能起到鼓舞参赛者士气的作用即可。

文体活动开幕式致辞要突显文艺或体育活动的特点，明确参加

人员、活动方式；用词要有活力，突出活动的色彩，激起人们的热情。闭幕式致辞要包含活动的开展情况，对活动作出评价等。

文体活动闭幕式致辞要从语言、措辞上体现每个活动的特色，不但要把活动的经过和结果描绘得有声有色，还要给大家留下遐想的空间。最后要根据活动的不同特点，从不同角度提出希望和号召，激发大家勇于参与活动的热情，对参与活动的成员给予最大的鼓舞，并对下一次（届）活动表示期盼和美好祝愿。

运动会

范文一：

某大学校长在学校运动会上的贺词

裁判员、运动员、老师们、同学们：

大家好！

今天，人如海、旗如潮。首先，向大家致以由衷的问候！九月，生机勃勃，万紫千红，蓝天、白云、绿草、鲜花和红绿操场交相辉映。在崭新的塑胶田径场上。我校第二届学生田径运动会已经拉开序幕。这是一次体育的盛会。是我们同学和广大教师的重大节日。

同时，我们也迎来了中华人民共和国××华诞。让我们尽情欢呼这一盛会的召开，同时祝愿我们的祖同繁荣昌盛。

通过一段时间的精心筹备，我们终于迎来了学校田径运动会举办的喜庆时刻。可以肯定，这是一个诗情画意的时刻，也是一个运动健儿大展风采的时刻，更是一个丰富学校光辉历史的时刻。在这里，我谨代表学校党支部和学校领导班子，向大家致以最诚挚的问候和良好的祝愿！

为了开好本届运动会，展示我校师生的精神面貌，全校教师群策群力，认真组织、协调好每项工作。在此，我代表学校向一直关心、支持我校工作的各位来宾和我们的同学、老师致以深深的谢意！

21世纪是知识的世纪，是技能的世纪，更是竞争的世纪。我们必须拥有良好的心理素质、优秀的人格素质、完善的体能素质。今天，我们在田径场上竞争；明天，我们要在世界舞台上亮相。今天，我们在田径场上拼搏；明天，我们将在世界大潮中冲浪。体育的精神体现了人类战胜极限的渴望，激发了人类与时俱进的潜能。它是我们努力学习的动力、战胜困难的决心、迎接成功的自信和拥抱明天的力量。我们要将"更快、更高、更强"的奥林匹克精神融入学校每一名师生的血液，使之成为我们不懈奋斗的力量。它将永远鼓舞我们每一个人的斗志。

我相信，老师们的工作一定会产生效果。我相信，通过这次运动会，同学们一定收获很多。让我们以饱满的激情、昂扬的斗志、勇于拼搏进取的信念、团结向上的精神，投入到本次运动会中去。赛出成绩，赛出水平，赛出风格！把本次运动会开成一个团结的盛会，拼搏的盛会，令全体学生难以忘记的、终生怀念的盛会。我们不在乎名次的前后、成绩如何，而在乎过程的体验。愿成绩与风格同在，友谊与欢乐并存。

祝愿全体与会人员在我校运动会期间身体健康、心情愉决。最后，预祝大会圆满成功。

谢谢大家！

文艺汇演

范文一：

省政府领导在×省××奖文艺汇演闭幕式

各位来宾，同志们、朋友们：

大家下午好！

在欢快的歌声中，××奖文艺汇演就要落下帷幕了。在此，我谨代表省委、省政府向组织筹备此次文艺汇演的工作人员表示感谢，并向各位演出人员致以亲切的问候！

××奖文艺汇演是一次检阅和提升我省艺术从业人员水平的重要活动。自××××年我省确立建立文化艺术强省的发展目标以来，××奖文艺汇演已先后举办了××届，并取得了巨大成功。此次汇演，继承了前几届的优良传统，并增添了新的节目，最终圆满完成了汇演预定目标，推进了我省文化艺术工作的新发展。整场汇演气氛热烈，节目精彩纷呈。各位青年艺术家的演出非常精彩，让我们看到了其良好的精神风貌，也看到了我省文化艺术事业的进步。

此次汇演，共评出了"最佳创意奖""最佳表演奖""语言类节目优秀奖""歌舞类节目优秀奖"等近××个奖项，共有××名青年艺术家获奖。这些奖励是对青年艺术家的肯定，也是对其他同志争先争优的激励。

希望在今后的艺术创作中，各位青年艺术家能继续发扬这些优良传统，取得更大的进步，为推进我省文化艺术事业的发展贡献智慧和力量！

最后，祝大家工作愉快，身体健康！

我宣布。我省××奖文艺汇演胜利闭幕！

谢谢大家！

文化节

范文一：

学校领导在某校园文化节开幕式贺词

各位领导、老师、同学们：

又一届文化艺术节为我们的校园披上节日的盛装——处处阳光明媚。彩旗飘扬！值此盛典之际。我谨代表学校向筹备、组织这次盛会的全体工作人员表示衷心的感谢！向赛前刻苦训练、为校园文化节积极准备的师生表示亲切的问候！今天，第四届文化节在大家的热切期待中终于来临了！有历年成功举办文化节的基础，又有全体师生的激情参与，本届文化节一定会充满活力，更加多姿多彩！

当前，我们正处在一个改革的时代、创新的时代，人的素质全面发展的时代。这就要求作为人才培养基地的学校，在致力于教育教学改革向纵深发展的同时，还要充分考虑到学生的个性发展，为学生成长营造一个良好的学习环境、积极的文化氛围，以丰富学生的课余文化生活，陶冶学生的情操，发展学生的个性特长，完善学生的健康人格，提高学生的综合素质，唤起学生对文明社会的向往与追求，达到"育德、启智、健体、树人"的目的。

第九章　开闭幕
——虎啸昂首高歌去，玉兔喜跃气象新

面对我校自建校以来的大好形势，学校已经把新的学年确定为"管理术家的演出非常精彩，让我们看到了其良好的精神风貌，也看到了我省文化艺术事业的进步。

此次汇演，共评出了"最佳创意奖""最佳表演奖""语言类节目优秀奖""歌舞类节目优秀奖"等近××个奖项，共有××名青年艺术家获奖。这些奖励是对青年艺术家的肯定，也是对其他同志争先争优的激励。

希望在今后的艺术创作中，各位青年艺术家能继续发扬这些优良传统，取得更大的进步，为推进我省文化艺术事业的发展贡献智慧和力量！

最后，祝大家工作愉快，身体健康！

我宣布。我省××奖文艺汇演胜利闭幕！

谢谢大家！

文化节

范文一：

学校领导在某校园文化节开幕式贺词

各位领导、老师、同学们：

又一届文化艺术节为我们的校园披上节日的盛装——处处阳光明媚，彩旗飘扬！值此盛典之际，我谨代表学校向筹备、组织这次盛会的全体工作人员表示衷心的感谢！向赛前刻苦训练、为校园文化节积极准备的师生表示亲切的问候！今天，第四届文化节在大家的热切期待中终于来临了！有历年成功举办文化节的基础，又有全体师生的激情参与，本届文化节一定会充满活力，更加多姿多彩！

当前，我们正处在一个改革的时代、创新的时代，人的素质全面发展的时代。这就要求作为人才培养基地的学校，在致力于教育教学改革向纵深发展的同时，还要充分考虑到学生的个性发展，为学生成长营造一个良好的学习环境、积极的文化氛围，以丰富学生的课余文化生活，陶冶学生的情操，发展学生的个性特长，完善学生的健康人格，提高学生的综合素质，唤起学生对文明社会的向往与追求，达到"育德、启智、健体、树人"的目的。

面对我校自建校以来的大好形势,学校已经把新的学年确定为"管理术家的演出非常精彩,让我们看到了其良好的精神风貌,也看到了我省文化艺术事业的进步。

此次汇演,共评出了"最佳创意奖""最佳表演奖""语言类节目优秀奖""歌舞类节目优秀奖"等近××个奖项,共有××名青年艺术家获奖。这些奖励是对青年艺术家的肯定,也是对其他同志争先争优的激励。

希望在今后的艺术创作中,各位青年艺术家能继续发扬这些优良传统,取得更大的进步,为推进我省文化艺术事业的发展贡献智慧和力量!

最后,祝大家工作愉陕,身体健康!

我宣布。我省××奖文艺汇演胜利闭幕!

谢谢大家!

文化节

范文一:

学校领导在某校园文化节开幕式贺词

各位领导、老师、同学们:

又一届文化艺术节为我们的校园披上节日的盛装——处处阳光明媚,彩旗飘扬!值此盛典之际。我谨代表学校向筹备、组织这次盛会的全体工作人员表示衷心的感谢!向赛前刻苦训练、为校园文化节积极准备的师生表示亲切的问候!今天,第四届文化节在大家的热切期待中终于来临了!有历年成功举办文化节的基础,又有全体师生的激情参与,本届文化节一定会充满活力,更加多姿多彩!

当前,我们正处在一个改革的时代、创新的时代,人的素质全面发展的时代。这就要求作为人才培养基地的学校,在致力于教育教学改革向纵深发展的同时,还要充分考虑到学生的个性发展,为学生成长营造一个良好的学习环境、积极的文化氛围,以丰富学生的课余文化生活,陶冶学生的情操,发展学生的个性特长,完善学生的健康人格,提高学生的综合素质,唤起学生对文明社会的向往与追求,达到"育德、启智、健体、树人"的目的。

第九章　开闭幕
——虎啸昂首高歌去，玉兔喜跃气象新

　　面对我校自建校以来的大好形势，学校已经把新的学年确定为"管理术家的演出非常精彩，让我们看到了其良好的精神风貌，也看到了我省文化艺术事业的进步。

　　此次汇演，共评出了"最佳创意奖""最佳表演奖""语言类节目优秀奖""歌舞类节目优秀奖"等近××个奖项，共有××名青年艺术家获奖。这些奖励是对青年艺术家的肯定，也是对其他同志争先争优的激励。

　　希望在今后的艺术创作中，各位青年艺术家能继续发扬这些优良传统，取得更大的进步，为推进我省文化艺术事业的发展贡献智慧和力量！

　　最后，祝大家工作愉陕，身体健康！

　　我宣布。我省××奖文艺汇演胜利闭幕！

　　谢谢大家！

文化节

范文一：
学校领导在某校园文化节开幕式贺词

各位领导、老师、同学们：

又一届文化艺术节为我们的校园披上节日的盛装——处处阳光明媚，彩旗飘扬！值此盛典之际，我谨代表学校向筹备、组织这次盛会的全体工作人员表示衷心的感谢！向赛前刻苦训练、为校园文化节积极准备的师生表示亲切的问候！今天，第四届文化节在大家的热切期待中终于来临了！有历年成功举办文化节的基础，又有全体师生的激情参与，本届文化节一定会充满活力，更加多姿多彩！

当前，我们正处在一个改革的时代、创新的时代，人的素质全面发展的时代。这就要求作为人才培养基地的学校，在致力于教育教学改革向纵深发展的同时，还要充分考虑到学生的个性发展，为学生成长营造一个良好的学习环境、积极的文化氛围，以丰富学生的课余文化生活，陶冶学生的情操，发展学生的个性特长，完善学生的健康人格，提高学生的综合素质，唤起学生对文明社会的向往与追求，达到"育德、启智、健体、树人"的目的。

面对我校自建校以来的大好形势，学校已经把新的学年确定为"管理########年"。为贯彻"管理年"所确立的"以严治校、强化管理、提高素质、全面育人"的精神，我们组织举办了这次以"爱国、爱校、文明、奋进"为主题的校园文化节，目的就是想通过校园文化活动这一载体，进一步活跃我们的校园文化氛围，为广大师生提供一个锻炼能力、展示个性魅力的舞台，借此来提高我校教职员工和广大学生的文化素质、艺术素养和文明素质，促进学校各项工作理不断向更深层次推进，全面促进校园的精神文明建设。

本次校园文化节将持续一个多月。其间，我们将组织形式不同、丰富多彩的文化体育活动。我相信：同学们一定会在这些活动中进一步激发学习、奋进的动力，弘扬集体主义精神，释放激情、增强自信，提高自律能力、规范日常行为，增进团结，感受艺术，

第九章　开闭幕
——虎啸昂首高歌去，玉兔喜跃气象新

提高我们的综合素质，做一个新世纪、新时代、有新特点的新青年。

校园有了文化，就有了深厚的文明底蕴；校园有了艺术，就有了灵动的精神升华；校园有了朝气，就有了生命的璀璨阳光！我校文化节是学校校园文化的浓缩，是学校办学特色的呈现，是全体师生展现魅力的一个平台。它昭示着一种朝气蓬勃、奋发进取、百折不挠的精神风貌。

我记得，哈佛大学教授加德纳曾提出一个"多元智能理论"。他认为：每一个人身上至少存在语言、数理逻辑、空间、身体运动、音乐、人际关系、自我认识等七项智能。懂得挖掘自己的智能宝库的人，才能充分发挥自身的潜能。现在，锻炼的舞台已经搭好，帷幕也已拉开，大家拿出各自的绝活，用青春、活力和激情，到舞台上尽情演绎，展现自己的特长，放大自己的亮点，就是在开发自己的潜能。就是对自己最好的历练。

让我们吹起来、拉起来、弹起来、唱起来、跳起来、舞起来！这里彩旗飞扬，这里鲜花绽放！在这个校园的舞台上，我们将大开眼界、饱享欢笑！艺术才能的真功夫，酝酿出壮美豪放的交响；暖暖的师生情，展现我校精神文明的新篇章。

预祝本届校园文化节圆满成功！

会议开闭幕式

会议开幕式致辞是党政机关、社会团体、企事业单位的领导人在会议开幕时所作的致辞，旨在阐明会议的指导思想、宗旨、重要意义，向与会者提出开好会议的中心任务和要求，或对会议的成功表示祝愿。开幕词是大会正式召开的标志，主要领导人亲临大会并发表开幕词，显示了组织者对大会的重视。开幕词所提出的会议宗

旨，是大会的主导思想，所阐明的目的、任务、要求等，对于会议有着重要的指导作用。会议结束之后，与会者传达会议精神时。开幕词也是其重要的依据之一。

会议开幕词一般在比较隆重的大型会议上使用，语言要简洁、明快、热情。主体部分一般包括以下内容：会议的筹备和出席会议的人员情况；会议召开的背景和意义；会议的性质、目的及主要任务；会议的主要议程及要求；会议的奋斗目标及深远影响，等等。但致辞中一定要把握会议的性质。郑重阐述会议的特点、意义、要求和希望。而对于会议本身的情况如议程等，要概括说明，点到为止。行文则要明快、流畅，评议要坚定有力、充满热情。富于鼓舞人的力量。

会议闭幕词是在会议结束时。致辞人代表组织所发表的热情友好、感谢的言辞。主要是总结会议的收获，要求贯彻落实会议精神，要富有号召性。闭幕词的正文同样包括开头、主体和结尾。

开头，先说明会议或活动已经完成预定的任务，现在即将闭幕，接着简述会议或活动的基本情况。主体是正文的重点所在，主要总结会议或活动的主要成果或收获，向出席者提出具体的要求；要从理论的高度进行概括归纳，做到层次清楚、重点突出、言简意明，具有逻辑性和深刻性。结尾展望未来，发出号召，提出希望，表示祝愿，使出席者在激动、振奋中离去；还可以用诚恳热情的词语，向为大会或活动圆满结束而辛勤服务的工作人员表示谢意。

闭幕式致辞应注意以下几点：其一，要针对会议或活动的中心内容，作简明扼要的综述，评价要中肯恰当，并与开幕词前后呼应；其二，对会议或活动中没有展开但已认识到的重要问题，可在闭幕词中适当予以强调，作必要的补充；其三。语言要富有感染力和号召力，真正起到促人奋进的作用，切忌空洞单调的说教，篇幅宜短不宜长。

研讨会

研讨会致辞同洽谈会致辞一样，都较为严肃、认真，用词要准确，语气要恰到好处。篇幅可根据具体情况适当安排。

开幕式致辞一般要对研讨会的背景、目的、内容等进行较为详

第九章 开闭幕
——虎啸昂首高歌去，玉兔喜跃气象新

细的说明，也可对研讨对象作简略介绍。闭幕式致辞则是对研讨会取得的成果进行总结，也可对相关工作人员表示感谢，对参会人员表达祝愿。最后，宣布研讨会闭幕。

范文一：
某领导在第三届海峡两岸中华传统文化与现代化研讨会开幕式上的开幕词

尊敬的各位来宾、同志们、朋友们：

"金风送爽逢盛会，渭水含情迎嘉宾"。在这成熟与收获的美好季节，第三届海峡两岸中华传统文化与现代化研讨会在咸阳隆重开幕了。

"秦地最胜，无如咸阳"。不到陕西领会不了中国历史，不到咸阳领略不到秦汉雄风。作为我国周、秦、汉、唐等13个封建王朝的都城或京畿重地，咸阳是与古埃及、古罗马同时代的世界文明古城，距今有2350多年的建城史，拥有内涵丰富、魅力独特、特征鲜明的秦汉文化，是举世公认的中华传统文化的重要发源地。

——农耕文明由此发祥。《诗经》记载，姜嫄踩天神脚印，有感而孕，生下后稷。4000多年前，后稷在此教民稼穑、树艺五谷，完成了从游牧社会向农耕社会的过渡，开辟了中国农耕文化的先河，使我国传统农业曾经领先世界1000多年。

——丝绸之路由此延伸。咸阳是古丝绸之路的第一站，也是中原大地通往大西北的要冲。继张骞出使西域之后，咸阳人苏武、班超又先后出使并在西域生活数年。中国的丝绸、冶铸、水利技术经过咸阳远播中亚、罗马和欧洲地区，秦汉文化也传至朝鲜、日本、越南以至西域、欧洲，佛教的传入又对中国人的生活方式、思想观念、文学艺术等产生了深远影响。至今，国外仍有人称中国人为"汉人"，称中国学为"汉学"。

——封建帝制由此创立。咸阳是"中国第一帝都"。公元前350年，秦孝公迁都咸阳。公元前221年，秦始皇在此"据天下之雄冈，都六合之上游，摄制四海，运于掌握之内"，建立了中国历史上第一个统一的、多民族的封建中央集权国家，实现了"车同轨、书同文、衡同权、市同币、行同伦、政同体、法同治"。之后，汉承秦制,进一步完善了封建专制主义的统治秩序。秦汉时期建立的封建中央集权制度——郡县制一直为后世帝王的专制统治所效法。

——改革开放由此肇始。(略)

——科学文化由此繁盛。(略)

——帝陵文化由此兴起。(略)

——医药文化由此驰名。(略)

——关中风情由此演绎。咸阳民间文化,特别是以黄土文化为特征的关中民俗风情文化源远流长,从古到今,戏曲杂技、勾栏班社方兴未艾,民间舞蹈如社火、高跷、跑旱船雅俗共赏。唢呐、皮影、牛拉鼓、剪纸等艺术遐迩闻名。

华夏文化,秦汉为基。秦汉文化代表了封建文化的第一高峰阶段和中国文化走向世界的第一阶段。是中华优秀民族文化发展的缩影。为社会的文明进步书写下了灿烂一页。可以说,一部秦汉文化史,就是一部中华传统文化薪火相传的历史,就是优秀民族文化纽带作用不断强化的历史,就是华夏儿女更加亲密融合、更加团结统一的历史。

文化是民族之根,传统是现代之源。秦汉文化博大精深、底蕴深厚,包含了中华优秀民族文化的精髓。千百年来,勤劳智慧的咸阳人民在这片广袤富饶的热土上生生不息、辛勤耕耘,形成了热情诚实、自尊自强、重信守诺、勤俭刻苦的性格特征和文化品质,构成了伟大民族精神的主要内容。自秦汉以来,中国文化就倡导"和合"精神,"和合"概念被普遍运用。孔子的"泛爱众""和为贵""天地之性人为贵",墨子的"兼相爱",董仲舒的"天人合一"等思想,无不折射出东方文明固有的特质,充分说明了"和合就能达到和谐,和谐就能推动发展"的道理。所有这些,既是历史发展的内在动力,也是我们推进现代化建设的宝贵资源。

秦汉文化是中华传统文化宝库中的瑰宝,也是一笔极其珍贵的精神财富。我们将自觉担当起弘扬秦汉文化的历史重任,进一步认识秦汉文化、继承秦汉文化、提升秦汉文化,统一思想,团结拼搏,加快把咸阳建成以秦汉文化为底蕴、新时代创业精神为支撑、人文气息浓厚的现代历史文化名城。

最后,祝愿研讨会顺利开展!

谢谢大家!

第九章　开闭幕
——虎啸昂首高歌去，玉兔喜跃气象新

范文二：
大会主办方领导在首届中华德慧智教育
研讨会闭幕式上致闭幕词

各位老师、各位朋友：
下午好！

站在这个讲台上，这是我最熟悉的地方，也是我最留恋、最感动的地方。有过无数次这样的场景：我被许多的人、许多的事所感动。而这一次却是在我的培训史上。使我最为感动的一次。现在是××××年×月×日下午三点多。我们静静地坐在这里等待着这一次会议的圆满闭幕。

我知道现在的时间，从日历上看是×月×日，但这只是我们的一个时间计算单位而已，我不知道在更久远的过去和未来，今天会是什么日子？又会成为什么样的日子！上下几千年，纵横几万里，何其之幸！我们相聚于此，我们相聚于兰州，我们相融于文明初始之地。熊先生曾讲"有文字记载的历史当追溯于甘肃"，先生又曾言"中华道德文化的复兴当肇始于甘肃"，这正如人类从昆仑山走下播撒文明一样，我们何其之幸能相聚于此。

在这样一个历史阶段，这是一次独特的相聚，我们来自五湖四海，却不代表现代社会中的行政区域和地位；我们来自各个行业却无法找到行业与会议的定位；我们没有哪个部门的号令，更没有专门的经费支撑，但有一颗赤子之心、道德之心。在这里我们完成了五天的学习、交流、分享、相融，很简单的吃、很简单的住，甚至是很简单的语言，却让我们相融、相合、相感动；这五天里，我们进行了理念的碰撞，进行了经验的交流，更进行了内心深处的反思、反省及心灵的启蒙；这五天里，我们从相互间淡淡的芥蒂、淡淡的漠然，到相互沟通、相互交流，到我们心门真正地打开。是何其之幸！

这五天来，我们朝夕相处，我们兄弟姐妹共同进步，我们找到了友情、找到了和谐、找到了快乐、找到了心灵的突破，我们真正地找到了德慧智在我们身上所展现出的成果。投身于道德文化复兴与德慧智推广，这是历史赋予我们每一个人的责任。这样一个艰巨的任务，不是有一个政府号令，也不是有一个部门规划，而是有一帮怀着拳拳赤子之心、甚至没有什么社会地位的人，就像我们在座的很多人，大家发自内心来承担的。中华民族的希望，就在于中华民族有这样一群位卑未敢忘忧国的人，就在于有这样一批在社会中默默生存但内心充满希望、满怀为国为民情怀的民族脊梁。无数的人期盼这样一个时代，但只有像我们这些在座的极少的人。迈出了艰难的一步。

我们走在铺满荆棘的路上。但当我们走过。充满荆棘的路便长出了绿草、便开满了鲜花、便有了阳光的照耀！这就是开拓者，这就是道德的开拓者！时代呼唤着我们这样一群人！

30年后，当我们回首的时候，我们可能都老去，我们可能都白发苍苍，但是我们不会忘记在××××年的×月×日至×月×日，我们这一批人打开了心扉，我们这一批人放下了行囊，我们这一批人朝着阳光，不再去看自己的身影，坚定不移往前走去。这一次的远行，已远不同于几年之前，远不同于10年之前，更非20年之前可比；这一次我们有了一个真正的团队，这一次我们又重新找回了我们失去已久的那种内心深处的相融相合，我们已经找回了我们相依相伴、相携走天下、传播道德事业的路。30年后再回首，我相信对于我们所有的人来讲，今天将是极不寻常的一天。我相信这一天将会永久地镌刻在历史的车轮之上，也会永久地停留在我们每个人的内心深处。让我们记住这一天！让我们记住这一个时刻！让我们记住我们肩上的责任！

在会议闭幕之际，让我们共同感谢为这次会议圆满成功所付出无数辛勤劳作的场内场外的各位老师！让我们感谢从这次会议的筹划、举行到圆满结束，所付出努力的所有工作人员！感谢来自五湖四海，花时间、花心血。坐在这里的每一个人！

最后，我代表大会对老子学院的各位领导、北京德慧智教育科技中心的各位领导表示感谢！对所有参会嘉宾表达深深的感激之情！有你们的支持才有德慧智事业的存在。最后再次感谢学院！感谢北京教育科技中心对前沿咨询公司的信任。使前沿有幸成为这次会议的主办方之一！感谢各位领导对盛日的信任，更感谢在座的各位朋友五天来给予盛日的信任与配合！祝愿我们每一位都拥有更加辉煌灿烂的未来！

第九章　开闭幕
——虎啸昂首高歌去，玉兔喜跃气象新

大会到此圆满闭幕！祝愿所有的朋友满载而归、一路顺风！我们相约下一次再见！

谢谢各位！

洽谈会

洽谈会开幕式致辞。开头部分要对洽谈会的举办方、参会方进行简单的介绍；主体部分要详细介绍洽谈会的举办背景、主题、宗旨等。还可对洽谈方的详细情况进行介绍，如果不是第一次举办洽谈会，还可对之前举办的活动进行总结。肯定其积极的影响。

洽谈会闭幕式致辞同样要说明会议进行情况及取得的成果，也可提及对洽谈会未来的规划，欢迎朋友们继续关注。

洽谈会致辞的行文较严肃，因此，致辞人要注意把握语气及措辞的严肃性。

范文一：
第×届××合作洽谈会开幕式上的贺词

尊敬的各位来宾。女士们、先生们，朋友们：

春光明媚，惠风和畅，在今天这个喜庆的日子里，我们隆重地迎来了第××届××合作洽谈会的开幕式。在此。我谨代表本届洽谈会组委会和中共××省委、××省人民政府，向在百忙之中抽时间参加本届盛会的国内外宾朋，各地代表以及汇集在省城的十多万客商表示热烈的欢迎！

自从首届××合作洽谈会举办以来，我省的经济得到了快速发展。可以说××合作洽谈会见证了我省在改革开放大潮下逐渐发展的历程。历届××合作洽谈会始终贯彻"优势互补，合作共赢"的宗旨，为各参展省、区、市代表团提供了多领域、多层次的合作交流平台。成为推动参会地区经济和社会发展的重要力量。

在经济全球化的形势下，本届××合作洽谈会将在"××"的思想指导下，秉承历届洽谈会的精神要义，继续发挥各地方优势，以"服务的优质、便捷，合作的广泛、全面"为宗旨，为参会企业提供更多商机，达成更多合作意向。

在此，我倡议广大参会企业及代表，加强合作，为促进交流、

实现共赢贡献智慧和力量！

最后，祝各位来宾身体健康，万事如意！

预祝第×届××合作洽谈会圆满成功！

谢谢大家！

论坛

论坛致辞同洽谈会、研讨会致辞等有着基本相同的内容模式，且都较为严肃、认真。论坛开幕式致辞一般要对论坛的背景、目的、内容等进行较为详细的说明，并介绍论坛参加人员或者之前论坛取得的成果等。

闭幕式致辞则是对本届论坛取得的成果进行说明，并表达致辞人的期望和祝愿，最后宣布论坛闭幕。

范文一：

×高校校长在高校研究生
学术论坛开幕式上的致辞

各位领导、各位老师、同学：

大家上午好！

这里是我校第三届研究生学术论坛开幕式的现场。首先，我谨对积极参加本次论坛的各位领导、专家表示热烈的欢迎和衷心的感谢！

这是我校第三次举办研究生学术论坛了，前两次的论坛非常成功，对研究生教学工作及研究生学风建设起到了很大的促进作用。短短数年时间，我校的研究生论坛开创了更成熟、更规范的新局面，使我校研究生的学术水平得到了极大提高。此次，我们在继承前两届研究生论坛优秀成果的基础上，将继续对研究生的教学工作进行探讨。

未来的学术研究是以研究生为中坚力量的，所以培养研究生的学术研究能力至关重要。在新的形势下，我们要努力提高研究生的专业知识素养以及处理各种问题的能力，全面提升研究生的综合素质。

老师们，希望你们在进行研究生教学的同时，努力增强自身的

第九章　开闭幕
——虎啸昂首高歌去，玉兔喜跃气象新

知识积累，提升自己的专业能力，努力为我校培养更多优秀的学术研究人才！同学们，希望你们不辜负祖国重托，努力成为有修养、有知识、有能力的学术接班人。希望全体师生共同努力，为把我校建设成为具有鲜明特色的国内知名大学而奋斗！

最后，预祝本挺论坛取得圆满成功！

谢谢大家！

其他地方性节日开幕会贺词

森林旅游节

范文一：

某领导在重庆市第二节深林旅游节开幕式的贺词

尊敬的各位领导、各位来宾，女士们、先生们，朋友们：

在苍翠欲滴、清风送爽的金秋时节，在新中国××华诞即将到来之际，由国家林业局森林公园管理办公室、市委宣传部、市林业局、市旅游局、重庆日报》报业集团主办，巫山县人民政府承办的重庆市第二届森林旅游节，今天隆重开幕了。这是巫山人民期盼已久的一件大喜事。在此，我谨代表中共巫山县委、巫山县人民政府，代表森林旅游节组委会和59万巫山人民，向莅临巫山的各位领导、各位嘉宾、各界朋友，表示热烈的欢迎！向在森林旅游节筹办过程中给予我们无私关心、支持的市委、市政府、市级有关部门的各位领导。表示衷心的感谢！

巫山是重庆东大门，山清水秀，人杰地灵，是中国式美神爱神、东方维纳斯——神女的故乡，也是世界山水峡谷景观的荟萃地、博物馆。204万年前的龙骨坡巫山人、新石器大溪文化遗址、

享誉胜名的神女文化、充满神秘的巫文化、悠远的巴楚文化，积淀了丰厚的人文韵味；国家森林公园梨子坪、国家4A级风景名胜区大宁河小三峡、以险著称的巫峡、藏于深闺的神女溪，形成了独特的旅游胜景；"高峡出平湖，神女应无恙。一桥飞架南北，天堑变通途"的壮丽画卷，圆了几代伟人的畅想之梦。我们期待通过这次盛会，使各位嘉宾、各界人士更加了解巫山、钟情巫山，更多地到巫山观光旅游，共同分享大自然赐予我们的朝云暮雨、高峡平湖、奇山秀水，共同分享历代先贤留给我们的丰富的文化遗产。

森林不仅仅是大众观光、休闲、度假的胜地，更是科普教育、净化心灵的基地。用森林文化、生态文化熏陶人，能提高民众的生态意识，促进人与自然和谐相处。随着经济的不断发展，人们关注森林、走进绿色、回归自然的意识也愈来愈强，森林旅游发展日趋旺盛。大力发展森林旅游业，既是市委、市政府的英明决策，也是巫山旅游产业发展的重头戏。我们承办这次森林旅游节，表明了巫山人民扩大对外开放、广交天下朋友、促进交流合作的热诚愿望。

我们真诚欢迎各地的朋友和有识之士更多地关注巫山、了解巫山、走进巫山，参与巫山的开发和建设。我们坚信，这次森林旅游节，一定会成为巫山人民与各界朋友加深友谊、共谋发展的纽带和桥梁。

最后，恭祝各位嘉宾身体健康，家庭幸福，万事如意！
预祝重庆市第二届森林旅游节圆满成功！
谢谢大家！

会船节

范文一：

姜堰市领导在中国姜堰溱潼会船节开幕式上致开幕词

尊敬的各位领导、各位来宾、父老相亲们：

清明三月，桃李芳菲，××××中国姜堰溱潼会船节隆重开幕了。在此，我代表中共姜堰市委、姜堰市人民政府，代表××万姜堰人民，向光临会船节的各位领导、各界朋友表示最热烈的欢迎

第九章 开闭幕
——虎啸昂首高歌去，玉兔喜跃气象新

和最崇高的敬意！

今天，十里溱湖之上，万篙林立，千舟竞发，展示在我们面前的不仅是民俗风情的壮丽画卷，更是姜堰儿女自强不息、奋发进取的精神风貌。

姜堰是一个有着六千年历史的文明城市，一个正蓬勃发展的开放城市。姜堰有连接南北、贯通东西的枢纽优势，姜堰有以绿色生态为主导的自然资源优势，姜堰有以汽车零部件为核心的产业优势，姜堰有亲商、爱商、富商、安商的政务环境优势。热情好客、淳朴诚信的姜堰人，正在致力打造舒适姜堰、效率姜堰、平安姜堰、诚信姜堰。

这次会船节就是一个向世界展示姜堰的窗口，一个让姜堰与世界零距离接触的平台。今天，我们很荣幸地迎来了各级领导和四海宾朋，你们的到来为姜堰会船节增添了光彩。我相信，通过今天的会船节，你们一定会惊喜地发现，姜堰热情无限、魅力无限、商机无限、好运无限、希望无限。开放的姜堰欢迎八方宾朋观光作客、投资兴业。

各位领导、各位嘉宾、各位朋友，我们有缘相聚在这希望的春天、奋发的春天，凌万顷碧波，览千载水乡风情。最后，我衷心祝愿各位在姜堰生活愉快，今天的会船节一定会成为我们生活中精彩而美好的回忆！

谢谢大家。

三国文化节

范文一：
有关领导在××××中国四川·昭化古城三国文化旅游节开幕式上致开幕词

尊敬的各位领导、各位来宾，女士们、先生们：

秋风送爽，古韵溢香。今天，我们在这里隆重举行××××年中国四川·昭化古城三国文化旅游节开幕式暨昭化古城景区建设一期工程竣工典礼仪式。

我谨代表中共广元市元坝区区委、区人大、区政府、区政协和

全区人民，向莅临我区的各位领导、各位来宾表示热烈的欢迎！向致力于昭化古城保护与发展的历届老领导和支持、关心昭化古城开发的各级各部门、社会各界人士表示衷心的感谢！向在古城开发中付出艰辛劳动的所有建设者致以诚挚的问候！

昭化是大山、大水、大文化，素有"蜀道三国重镇，天下第一太极"和"巴蜀第一县，蜀国第二都"之称。"到了昭化不想爹妈"的美誉影响久远。风雨变迁，昭化衰破，落毛的凤凰不如鸡。昭化古城的开发，多少年来成为人们关注的焦点。我区规模，深感办这样的大事压力太大；我们的水平有限，唯恐把这样的好事办不好。我们扎实贯彻市委、市政府提出的关于推进旅游产业跨越发展的要求，××××年底区第五次党代会确立了"做大做强新城、做活做靓昭化古城、扎实推进新农村建设"，实现全区经济结构大转型的战略思路和目标，明确了我区旅游产业发展的地位、重点和突破口。昭化古城景区开发一期工程全面开工四个多月来，我们以迎难而上、创新攻坚、挑战极限、合力克难、勇创一流、只争朝夕的精神，着力走一条创新之路——创新开发定位，创新领导体制和工作运行机制，创新投入机制，创新技术质量保障机制，创新工作作风，克服了时间短、要求高、系统复杂、施工条件恶劣的重重困难，打了一场硬仗，实现了昭化古城开发"首战必胜"的预期目标，取得了阶段性成果。我们的工作也还存在这样那样的缺陷，恳请各位领导、各位来宾指正。

对于昭化古城景区的开发，我们才迈出了第一步。希望各方面给予我们大力支持。我们将在市委、市政府的坚强领导下，总结经验教训，又好又快地实施昭化古城景区开发二期工程，力争早日把昭化古城景区建成国家 4A 级旅游景区和国家历史文化名城，为蜀道三国文化旅游精品线路的打造和全市旅游产业的发展作出我们应有的贡献。同时，为统筹城乡综合配套改革试点作出积极探索。

预祝××××中国四川·昭化古城三国文化旅游节圆满成功！

祝各位领导、各位来宾顺畅、吉祥！

谢谢大家。

第九章　开闭幕
——虎啸昂首高歌去，玉兔喜跃气象新

贺词佳句赏析

◆在这美好的金秋时节，××运动会隆重开幕了。我谨代表学校向运动会的胜利召开表示热烈的祝贺！向长期以来关心和支持我校工作的各级领导表示衷心的感谢并致以崇高的敬意！

◆"金风送爽逢盛会，渭水含情迎嘉宾"。在这成熟与收获的美好季节，第三届海峡两岸中华传统文化与现代化研讨会在咸阳隆重开幕了。

◆在北京最美丽的季节，我们迎来了各位最尊贵的客人。在这里，我代表北京市政府，向"××论坛"的顺利召开表示最热烈的祝贺！向各位远道而来的学者表示最诚挚的欢迎！

◆经过三天紧张的会议，我们完成了预定的三项议程。首先是对我们科技期刊编辑队伍中成绩突出的编辑工作者进行了表彰，分别颁发了"金牛奖""银牛奖"，还颁发了优秀论文奖；其二，我们认真总结了××××年学会的工作，部署了新一年的任务；其三，听取了有关我国科技期刊发展重要问题的学术报告并进行了大会学术交流。至此，我们的会议已取得圆满成功。

◆为期××天的"第××届××律师论坛"就要结束了。经过全体与会代表的共同努力，我们顺利完成了各项议程，在融洽互动的环境中，我们收益颇丰，取得了圆满成功！

附录：

庆典贺词的语言艺术

让贺词生动，打动人心

古人有云：动人心者莫过于情。情动之后心动。心动之后理顺。表现在致辞的过程中，不妨注意以下内容。

一、语言要质朴。通俗易懂

实践中要力求多用生动传神的口语、谚语、俗语讲解。少出现手捧文稿诵读的情形；多用些可人、可听的土话、普通话，杜绝令人生厌的官话、宅话、大话、套话；力戒板着脸空泛说教，力求诙谐、风趣和幽默。尽可能做到既通俗易懂，又生动形象，既言简意明，又娓娓动听。当然，语言要通俗而非俗气，切不可将一些不健康的顺口溜、荤话拿来作为激发人们兴趣的"作料"，要把握一个尺度，在和风细雨中以生动活泼的话语将官方语言娓娓道出，使人于细雨润物中明白道理，于潜移默化中升华思想境界，从而达到一听就懂，听后解渴的效果。

二、深奥哲理形象化

致辞人在致辞过程中要充分发挥"比喻"的作用，通过恰到好处的比喻，来形象化地表达抽象理论的深刻内涵。

三、说理论证实例化

从心理学的角度看，人们的心理趋向是求真、求实，只有真的东西才是可信赖的。百闻不如一见，事实胜于雄辩。所以，领导者在致辞时要善于运用充分的事实作为说理论证的依据，唯实、唯

第九章 开闭幕
——虎啸昂首高歌去，玉兔喜跃气象新

事，用事实说话，用典故佐证，开诚布公地进行交流。

四、借比喻析事。

在致辞中，比喻是一种常见的手法。它可以化复杂为简明、化抽象为具体，化枯燥为生动。借比喻来剖析事理，是简易有效的致辞方法。

让自己的形体言语更美

态势语言是致辞人在致辞时通过自身某一部分形态的变化，把信息传达给听众，并与之交流思想感情的一种言语表现方式，其具体表现为在讲话时比划走动以及音容笑貌、眼神表情等。它和有声语言、类语言一起构成整个交流手段，相辅相成、共同完成要表达的内容。而态势语言又不是随便一举一动就可以把思想感情准确地表达的。而是要通过致辞者长期坚持不懈地提高自我修养才能把握的，诸如貌似深情地摇头晃脑，胡乱一气地手舞足蹈，不切情景的表情变化，千篇一律的情感投入以及对同一动作的机械重复，都是修炼不够的体现。

致辞的势态语言是一个系统。它由表情语言、体态语言、手势语言几个部分组成，各个部分协调合作，相互配合，具有很强的技巧性。

一、表情语言

致辞者的表情主要在面部，它受两种因素的制约：一是对听众的态度，二是所讲的内容。对听众而言，表情的基调应是微笑，它是招人喜欢的秘诀；就内容而言，表情应丰富多彩，喜怒哀乐都可出现。

在整个面部表情中，最鲜明、最突出、最能反映深层心理的是眼睛的神态，即眼神。"眼睛是心灵的窗户"。人的喜怒哀乐、爱憎好恶都能从眼神中表现出来，甚至能表达出用言语难以表达的极其微妙的思想感情。致辞者要学会用眼睛说话，把自己真实的感情流露在眼睛里，随时运用眼睛与听众交流感情。

学会了"用眼神助说话"，就很容易撩拨人的心弦。致辞者最

忌讳的是从始至终用一种眼神,这样会给人呆滞、麻木的感觉。

可以肯定的是,听众接触到什么样的目光,就会有什么样的反应。如,听众接触到兴奋、热情的目光,就会感到格外高兴;接触到和蔼关切的目光,就会产生亲切感。如目光呈反复游移状,听众注意力会分散;目光呈呆滞状,听众会感到索然无味;目光呈暗淡状,听众就会情绪低落;目光根本不与听众接触,听众就会感到对他不注意、不关心、不尊重。

二、体态语

一名致辞者,要表现稳定优美、舒坦自然的姿态,就必须学会"体态语言"。

对于致辞者而言,体态是指致辞者的身体姿态和身体动作。它也是一种塑造致辞者形象,辅助口语传情达意的无声语言。致辞者的体态,主要由致辞者的头、身躯和脚三部分组成。

一般情况下,当致辞人登上主席台致辞时,要用"庄重礼仪"型,即行走时,上身挺直,步伐矫健,双膝弯曲度小,步子幅度、速度要适中。如果致辞大受欢迎,步伐也可采用"稳重自得"型,即行走时步履稳健,昂首阔步,步伐较缓,幅度较大。总之,不管是"庄重礼仪"型步伐,还是"稳重自得"型步伐,都要注意手的摆动,即手臂要伸直放松,手指自然弯曲,摆动时,要以肩关节为轴,用上臂带动前臂向前,脚跟要先着地,依靠后腿将身体重心送到前脚掌,使身体前移。

三、仪表、风度

致辞者的形象,在一般人看来,这是小事一桩,不值一提,然而在致辞的过程中"因小失大"的事却经常发生:身着西装脚蹬旅游鞋上场使听众摇头者有之,下场时的逃跑状引起听众哄笑者有之;紧张时吐舌翻眼使听众鼓倒掌者有之……这些小毛病都破坏着致辞者的形象,并影响演讲效果,因此,我们应该注意致辞者的仪表风度问题。致辞,的确要讲究仪表风度,这同样是一种态势语言。

1. 仪表

第九章 开闭幕
——虎啸昂首高歌去，玉兔喜跃气象新

仪表就是致辞者的容貌、姿态，包括长相、体形、身材及服饰等。主要是指致辞者的外部特征。

首先，要使自己容貌清新整洁，致辞者在大庭广众面前应是整洁、大方的美的体现者。男领导要将头发梳理整齐，胡须要修理干净；女领导要注意发型大方，化妆得体，切不可浓妆艳抹，"点缀"过多。

其次，致辞者的着装打扮要得体。怎样才能使服装得体呢？要和致辞者的思想感情及致辞内容的基调协调一致。表示喜悦、欢庆内容的致辞最好穿色调明快的衣服，如在欢迎、庆祝等场合发表致辞时穿浅色服装会让人愉快；而在发表严肃、庄重、哀痛等内容的致辞时应穿深色或黑色的衣服，这样能更好表达致辞者的情感，烘托气氛；以青春、理想为主体的致辞则可穿较简洁、时尚些的服装，以传递青春气息和奔放的热情。

第三，要和肤色、体形、年龄相适应。一般说来，服装不能和自己的肤色反差太大。稍胖的人宜穿深色和竖条纹的服装，较瘦者宜穿暖色和明度较高的服装。青年人宜穿款式活泼和色彩鲜艳些的，中年人可穿淡雅些。

第四，要和自己的气质、性格及职业相吻合。好动的人可借助蓝色增加静的感觉；沉稳的人可惜助浅色增加活力；在特定的情况下，有时可以穿职业装（如民警、税务人员、军人、医生等），以显示自己的身份和对自己工作的热爱。

第五，要注意致辞环境。在建筑工地或抗洪第一线进行即兴演讲，大可不必换装，带着泥水的工作服要比笔挺的西装更有感染力。

最后，要穿出"和谐统一"的美感来。所谓和谐统一，一是注意服装和鞋子要配套；二是上装和下装从款式到颜色要和谐；三是装饰物要和服饰及人物身份统一。

2. 风度

风度是指通过人的言谈、举止、仪表所表现出来的个人风格和气度。风度虽然同样是从某些外部特征表现出来的。但却是一个人的精神气质、文化修养、心理禀赋等诸因素的外化。

人们常说，"仪表端庄"，这是对行为举止的一个最基本的要求。说"风度翩翩"。却是对行为举止的更高要求。比起仪表来，风度就显得更内在、更高雅、内涵更丰富。